大学中庸译解

张葆全　译解

GUANGXI NORMAL UNIVERSITY PRESS
广西师范大学出版社
·桂林·

图书在版编目（CIP）数据

大学中庸译解 / 张葆全译解. —桂林：广西师范
大学出版社，2016.1
ISBN 978-7-5495-7532-9

Ⅰ．①大… Ⅱ．①张… Ⅲ．①儒家②《大学》—
译文③《中庸》—译文 Ⅳ．①B222.1

中国版本图书馆 CIP 数据核字（2015）第 279093 号

广西师范大学出版社出版发行

（广西桂林市中华路 22 号　邮政编码：541001
　网址：http://www.bbtpress.com　　　　　　　　）

出版人：何林夏
全国新华书店经销
广西民族印刷包装集团有限公司印刷
（南宁市高新区高新三路 1 号　邮政编码：530007）
开本：880 mm × 1 240 mm　1/32
印张：6　　字数：115 千字
2016 年 1 月第 1 版　　2016 年 1 月第 1 次印刷
印数：0 001~3 500 册　　定价：25.00 元
如发现印装质量问题，影响阅读，请与印刷厂联系调换。

前　言

　　《大学》和《中庸》，原为《礼记》中的两篇。 南宋朱熹把《大学》和《中庸》与《论语》、《孟子》编在一起，称为"四书"，供读书人阅读。 朱熹还撰写了《四书章句集注》（含《大学章句》、《中庸章句》、《论语集注》、《孟子集注》），解释了"四书"的文字和义理。 在编辑"四书"时，朱熹对《大学》和《中庸》原文进行了分章，对《大学》的文字还做了一些调整。

　　由于南宋以后，历代科举考试主要考"四书""五经"，所以"四书""五经"成为读书人必读的"教科书"。"四书""五经"的思想，日益深入人心，对古代中国人（尤其是知识分子）世界观、人生观的形成，产生了非常巨大的影响。 其中包含着许多极为优秀的思想文化传统，值得我们继承和发扬。

　　《大学》——为学修身之正途

　　今天，《大学》对于我们，可以看作是：教育之纲领，为学之正途，修身之极则，从政之宝典。

朱熹说："大，旧音泰，今读如字。"在春秋末年孔子创办私学之前，"学在官府"，大学即国家的最高学府。《礼记·王制》说："小学在公宫南之左，大学在郊。天子曰辟雍，诸侯曰泮宫。"是说小学设在宫廷的左侧，大学设在城郊；天子设立的大学叫辟雍，诸侯设立的大学叫泮宫。《大戴礼记·保傅》说："古者年八岁而出就外舍，学小艺焉，履小节焉；束发(按：十五岁)而就大学，学大艺焉，履大节焉。"意思是说，古时候，小孩八岁时就开始上小学，学习基础的文化技艺，练习基本的礼节，培养初步的道德情操；十五岁就上大学，学习较为精深的文化技艺，练习较为繁复的礼节，按成人要求培养高尚的道德情操。东汉郑玄在《礼记目录》中说："名曰'大学'者，以其记博学可以为政也。"意思是说，在大学里，学子们广博地学习(学做人的道理，学从政的才能)，可以为以后从政打下基础。

在《大学章句》中，朱熹引程颐之言说："子程子曰，《大学》，孔氏之遗书，而初学入德之门也。于今可见古人为学次第者，独赖此篇之存，而《论》《孟》次之。学者必由是而学焉，则庶乎其不差矣。"(程颐说：《大学》是孔子儒家学派传世的典籍，是初学者学习精研道德学问的入门书。在今天要了解古人怎样学习精研道德学问，就靠这部《大学》，其次则是《论语》和《孟子》。学者一定要依此而学，那么求学之道大概就不会走错了。)他告诉我们,《大学》是儒家学派的典籍,反映了孔子的教育思想。古人求学,《大学》是必须首先研读的。先读《大学》,然后读《论语》、《孟子》、《中庸》。

朱熹将《大学》分为 11 章,说:"右经一章,盖孔子之言,而曾子述之,其传十章(按:第五章为朱熹所补),则曾子之意,而门人记之也。"

曾子即曾参(前 505—前 435),字子舆,鲁国武城人。孔子弟子,《史记·仲尼弟子列传》说他小孔子 46 岁。其父曾点,也是孔子弟子。据《论语》记载,曾参严于律己,说"吾日三省吾身"(我每天都要多次反省我自己)(《学而》)。认为年轻学子"仁以为己任"(应把施行仁德于天下作为自己的使命),"任重而道远"(负担沉重而路途遥远)(《泰伯》)。他事亲至孝,并特别看重"孝"道,认为"慎终追远,民德归厚"(在上位的人如果能恭谨地对待父母的死亡,追念而不忘祖先的功绩,老百姓的道德风气也就会跟着归于淳朴忠厚)(《学而》)。《史记·仲尼弟子列传》说:"孔子以为能通孝道,故授之业。作《孝经》。"(孔子认为他精通孝道,所以对他进行了特别的传授。后来他写了《孝经》。)他曾收徒讲学,孔子之孙子思是他的弟子,而孟子又私淑子思。由于曾子之传授而形成的"思孟学派",成为儒家的正统学派。《汉书·艺文志》著录《曾子》十八篇,早已亡佚,今仅《孝经》、《大学》传世。此外,在《大戴礼记》、《孔子家语》等书中,有一些曾子言行的记载。

《中庸》——为人处世之宝典

中庸哲学是孔子的认识论，是他认识事物、处理矛盾的思想方法，也是他为人处世的道德标准。中庸哲学体现了孔子解决一切理论和实践问题的最高智慧。从《论语》、《孟子》等书来看，孔子的中庸思想，有"执中守正"、"折中致和"、"时中行权"以及追求公正、公平、稳定、和谐等含义。

东汉郑玄在《礼记目录》中谈到《中庸》篇时说："名曰中庸者，以其记中和之为用也。庸，用也。"

中庸哲学所说的"中"，本身就包含了"和"。儒家文化讲"和而不同"（协调致和而不强行同一），讲"和实生物，同则不继"（阴阳协调从而致和就能滋生繁衍万物，强行同一万物就不能持续繁衍），其实质就是重视差异，尊重他人，尊重不同意见，重视协调，崇尚和谐。

朱熹在《中庸章句》开头解题时说："中者，不偏不倚、无过不及之名。庸，平常也。子程子曰：'不偏之谓中，不易之谓庸。中者，天下之正道，庸者，天下之定理。'"

由此可知，孔孟儒家所说的中庸，就是恪守中道，坚持原则，不偏不倚，从容适度，不走极端，无"过"无"不及"。

在处理矛盾时善于执两用中，协调致和，追求中正、中和、公正、公平、稳定、和谐。并且随时以处中，因时制宜，与时俱进。

中庸之道，是儒家坚定的信仰和追求。儒家视中庸之道为"修身"之极则，也是"治国平天下"的正道。

朱熹将《中庸》分为33章，并按全文内容，提示其论述要点。按照朱熹的提示，全文可分为三个部分：第一部分，1—11章，重点论"中庸"，说明"中也者，天下之大本也；和也者，天下之达道也。致中和，天地位焉，万物育焉"，中庸之道是"不可须臾离"的。第二部分，12—20章，重点论"道"，说明"道不远人"，中庸之道的运用，既广大又精微。第三部分，21—33章，重点论"诚"，说明"诚"既是"天之道"，也是"人之道"。《中庸》论"诚"，实际上是论人的信仰和追求，也就是对中庸之道的信仰和追求。

朱熹说："此篇乃孔门传授心法，子思恐其久而差也，故笔之于书，以授孟子。"（此篇是孔子儒家所传授的"心法"——代代传授最为重要的心得和方法，子思恐怕时间久远而走样失真，所以用笔写了下来，后来他的门人便传授给孟子。）

《史记·孔子世家》记载，子思（前483—前402），名孔伋，字子思，孔鲤（字伯鱼）之子，孔子之孙，作《中庸》。《史记·孟子荀卿列传》说，孟子曾受业于子思之门人。《汉书·艺文志》著录《子思》二十三篇，早已亡佚，今仅《中庸》、《表记》、《坊记》（均收入《礼记》中）传世。但今本《中庸》有的文字，如二十八章"今天下车同轨，书同文，行同伦"等语，明显为秦汉间人所增补。

朱熹对《中庸》一书极为推崇，说："其书始言一理，中散为万事，末复合为一理，放之则弥六合，卷之则退藏于密，其味无穷，皆实学也。善读者玩索而有得焉，则终身用之，有不能尽者矣。"（这部书开头只说中庸一理，中间扩散发挥涉及万事万物，最后又归结为中庸一理。放开去它充满在天地东南西北各方，收起来可珍藏于密室之中。它的意味无穷无尽，都是实实在在的学问。善于读书的人认真研读玩味就会有莫大的收获，终身运用它就会感受到它的功用无穷无尽。）他认为《中庸》是实实在在的学问，对《中庸》熟读精思，终身受用不尽。

本书《大学》和《中庸》的原文，均据朱熹《四书章句集注》（文渊阁《四库全书》本）。各章标题，为译解者据原文和朱熹解说所加。每章之后，摘录重要语句方便读者熟读背诵。

古人读书，非常重视熟读成诵。

北宋张载说："书须成诵，精思多在夜中，或静坐得之，不记则思不起。"（读书应当熟读成诵，精深的思考多半在夜中，或在静坐之时获得成果，如果不熟读成诵就不会产生这种精深的思考，也就不能获得成果。）朱熹说："读书须是成诵方精熟。"（读书应当反复诵读才能精熟。）（见江永《近思录集注·卷三》）朱熹还说，自己在十七八岁时，"读中庸大学，每早起须诵十遍"（同上）。

张葆全

2015 年 10 月

目 录

大 学

中 庸

附　录

后　记

大学

经

　　大学之道①，在明明德②，在亲民③，在止于至善④。

　　知止而后有定，定而后能静，静而后能安，安而后能虑，虑而后能得⑤。

　　物有本末，事有终始。知所先后，则近道矣。

　　古之欲明明德于天下者，先治其国；欲治其国者，先齐其家⑥；欲齐其家者，先修其身⑦；欲修其身者，先正其心；欲正其心者，先诚其意；欲诚其意者，先致其知⑧；致知在格物⑨。

　　物格而后知至，知至而后意诚，意诚而后心正，心正而后身修，身修而后家齐，家齐而后国治，国治而后天下平。

自天子以至于庶人⑩，壹是皆以修身为本⑪。其本乱而末治者否矣⑫。其所厚者薄，而其所薄者厚⑬，未之有也⑭！

【注释】

①**大学之道**：大学的宗旨，指大学的根本理念和办学的必由之路。②**明明德**：前一个"明"用作动词，使动用法，即"使彰显"的意思。后一个"明"作形容词，"明德"指光明的德性。③**亲民**：朱熹根据后面的"传"文，认为"亲"应为"新"，即革新，革故鼎新，弃旧图新。"亲民"，也就是新民，使人弃旧图新，去旧我，成新我。王阳明则认为"亲"是"亲爱"之意。"亲民"就是亲近或亲爱民众。④**止**：达到，居止。**至善**：最善，指最完善的道德境界。儒家以"仁、义、礼、智、信"为"善"的主要内容。⑤**得**：收获，成就。⑥**齐其家**：整治好自己的家庭。⑦**修其身**：修养自身的品性。⑧**致其知**：使自己获得知识。⑨**格物**：接触和研究万事万物。⑩**庶人**：指平民百姓。⑪**壹是**：都是。**本**：根本。⑫**末**：与"本"相对而言，指细枝末节。⑬**厚者薄**：该重视的不重视。**薄者厚**：不该重视的却加以重视。⑭**未之有也**：即未有之也，指从来没有过这样的事。

【译文】

大学的宗旨在于使学者彰显光明的德性,在于使学者弃旧图新,在于使学者努力追求并最终达到最完善的道德境界。

知道应达到的道德境界然后才能有坚定的志向,志向坚定然后才能镇静不躁,镇静不躁然后才能内心安宁,内心安宁然后才能思虑周详,思虑周详然后才能有所收获。

每种事物都有本有末,每件事情都有始有终。明白了这本末终始(孰重孰轻孰先孰后)的道理(知道做事情的轻重缓急),就大体把握住大学的宗旨了。

古代那些要想在天下彰显光明德性从而平治天下的人,先要治理好自己的国家;要想治理好自己的国家,先要整治好自己的家庭;要想整治好自己的家庭,先要修养好自身的品性;要想修养好自身的品性,先要端正好自己的心思;要想端正好自己的心思,先要使自己的意念真诚;要想使自己的意念真诚,先要使自己获得知识;获得知识的途径在于接触和研究万事万物。

通过对万事万物的接触和研究之后才能获得知识,获得知识之后意念才能真诚,意念真诚之后心思才能端正,心思端正之后才能修养好自己的品性,自己的品性修养好之后才能整治好自己的家庭,整治好自己的家庭之后才能治理好国家,治理好国家之后才能去治理天下使天下太平。

上自天子，下至平民百姓，人人都要以修养自身品性为根本。如果这个根本被搞乱了，家庭、国家、天下要治理好是不可能的。如果应看重的反而看轻，而应看轻的反而看重（不明本末终始、不分轻重缓急），却想做好事情，这是从来没有过的事！

【解析】

这是《大学》的首章，朱熹认为是"经"，"盖孔子之言而曾子述之"。以下十章，则是释"经"之"传"，是"曾子之意，而门人记之也"。

本章开篇即开宗明义："大学之道，在明明德，在亲民，在止于至善。"朱熹说："此三者，大学之纲领也。"这就是说，大学的首要任务是培养高尚光明的道德，并且不断革故鼎新，使人格精神日臻完善。

英国教育家约翰·亨利·纽曼 1852 年任大学校长时，作了一系列演讲，后来结集为《大学的理想》（浙江教育出版社，2001 年），此书成为举世公认的大学教育经典。纽曼的一个重要观点是：与功利性的"专业成才"相比，培养健全人格的"精神成人"更为重要，旨在"精神成人"的"博雅教育"应在大学教育中占首位。

《大学》的"三纲领"，其实质正是为了使学者完善人格，

"精神成人"。

围绕着"三纲领",接下来,是指示学者应走的路,这是一条具体明确的路线:格物—致知—诚意—正心—修身—齐家—治国—平天下。朱熹说:"此八者,大学之条目也。"

在这"八条目"中,"修身"为本,"修身"是最主要的条目,就好像一棵树,"修身"是它的根。"格物","致知","诚意","正心",都是为了"修身",是"培本"的功夫,好像水分和肥料,都是为了使根正苗壮。而"修身",则是为今后成人成才苗壮成长奠定基础。因为只有在"修身"这个根基之上,才能进一步"齐家"(好像在根基上长成了粗壮的树干),才能进一步"治国","平天下"(好像大树长满了枝叶,绽开了鲜花),从而实现自己的理想与抱负。

所以,在大学求学,"修身"是根本,切不可本末倒置,更不可舍本逐末。

"明明德","亲民","止于至善",三者既是大学教育的纲领,也是学者修身的纲领。教育者与受教育者的目标是完全一致的。

三纲领,八条目,构成了一个完整的的思想体系,千百年来,一直是许多人,许多知识分子,甚至许多平民百姓的执着追求,是他们的人生观、价值观的重要内容,是他们崇高的精神信仰。在"三纲领"、"八条目"熏陶之下,许多读书人都具有强烈的历史使命感和高度的社会责任感，认为"天下兴亡，匹夫有责"（天下国家的兴亡，每个人都有责任），将"以天下为己任"（使天下国家太平是自己的责任和使命）作为自己的人生信条。

【记诵】

大学之道，在明明德，在亲民，在止于至善。

物有本末，事有终始。知所先后，则近道矣。

格物—致知—诚意—正心—修身—齐家—治国—平天下。

自天子以至于庶人，壹是皆以修身为本。

传之首章，释明明德

《康诰》曰[①]："克明德。"[②]《大甲》曰[③]："顾误天之明命。"[④]《帝典》曰[⑤]："克明峻德。"[⑥]皆自明也[⑦]。

【注释】

①《康诰》：《尚书·周书》中的一篇。周初，武王死后，其子成王继位，成王年幼，武王之弟周公姬旦辅政。商纣王之子武庚禄父勾结管叔、蔡叔发动叛乱。周公东征平叛，诛杀武庚禄父、管叔，流放蔡叔，并封康叔姬封于卫，管制殷商遗民。《康诰》是周公代成王告诫康叔治理卫国的诰词，全篇强调治理国家应当敬天保民，明德慎罚。②克：能够。③《大甲》：即《太甲》，《尚书·商书》中的一篇。商代开国之君成汤死后，继位的太甲胡作非为，阿衡(即宰相)伊尹把他放逐到桐宫，三年后太甲悔过自新，伊尹将他迎回国都，归还政权。《太甲》是伊尹教训太甲的训

辞。④**顾**：思念，重视。**误**：同"是"，此。**明命**：光明的禀性。
⑤**《帝典》**：即《尧典》，《尚书·虞夏书》中的一篇。尧是原始社
会末期著名的部落联盟首领，传说中的圣君。《尧典》记载了传
说中的尧帝治理天下的事情。⑥**克明峻德**：《尧典》原句为"克明
俊德"。**俊**：与"峻"相通，意为伟大、崇高等。⑦**皆**：都，指前面所
引的几句话。

【译文】

《尚书·周书·康诰》说："能够彰显光明的德性。"《尚
书·商书·太甲》说："要重视这上天赋予的光明禀性。"《尚
书·虞夏书·尧典》说："能够彰显崇高的德性。"这些都是说
要自己彰显光明而崇高的德性。

【解析】

朱熹说，这一章是"传之首章，释明明德"。曾子引《尚
书》三句话来说明"明明德"的重要。

周初执政者很重视"德"。王国维说："中国政治与文化
变革，莫剧于殷周之际。"(《殷周制度论》)殷与周，在政治思
想观念上有很大不同，简言之，殷商"尊天事鬼"，而周则"敬
德保民"。周初的执政者认为，周王朝是靠"德"取得天下，也
应靠"德"保有天下。

关于"德"，古人的理解较今人宽泛。《广雅》、《经典释文》等文字学、训诂学典籍均说："德，得也。"《说文》也以"得"释"德"，说的比较具体："外得于人，内得于己也。"《说文》段注："内得于己，谓身心所自得也。外得于人，谓惠泽使人得之也。"这就是说，古人所说的"德"兼有"道德"和"恩德"（对人施与恩惠）两个含义。

可见，在上述经文中"明明德于天下"也有两个含义，一是在天下人面前彰显自己光明美好的道德，一是给天下人以恩德。两者其实是统一的。如果一个人不能造福于人，不能施恩德于民，怎能说是具有完善道德呢？

"皆自明也"强调的是个体的主观精神。孔子说"为仁由己"（做到仁完全靠自己的努力）（《论语·颜渊》），"人能弘道"（人能弘扬道使道发扬光大）（《论语·卫灵公》），其弟子曾参表示"吾日三省吾身"（我每天都要多次反省我自己）（《论语·学而》），都指明了要获得光明美好的道德，主要依靠自己的努力。

【记诵】

《康诰》曰："克明德。"《大甲》曰："顾諟天之明命。"《帝典》曰："克明峻德。"皆自明也。

传之二章，释新民

　　汤之《盘铭》曰①："苟日新，日日新，又日新。"②
《康诰》曰："作新民。"③《诗》曰："周虽旧邦，其命维
新。"④是故君子无所不用其极⑤。

【注释】

　　①汤：即成汤，夏末讨伐夏桀，灭夏，建立商王朝，为商王朝
开国之君。盘：青铜制的盥洗器皿。这里的器皿指商汤的洗澡
盆。铭：铭文，刻写在器物上的文辞，有的记功德以扬善，有的载
箴言以自警。②苟：如果。新：字面上是指洗去身上污垢，使身
体焕然一新，实际上则是指精神上的弃旧图新。③作：使人振
作，是激励的意思。新民：即"经"里面说的"亲民"，实应为"新
民"。意思是使殷商遗民新，也就是使人们弃旧图新，去恶从善。
④"周虽旧邦，其命维新"：是《诗经·大雅·文王》中的句子，其

诗赞美周武王之父文王姬昌。他治理周国数十年,为后来武王伐纣灭殷奠定了基础。**周**,周王朝。**旧邦**,旧有之邦国,指周曾臣服于殷,为殷商王朝统治下的邦国。**其命**,指周王朝所禀受的天命,即取代殷商而开创周王朝。**维**,语助词,无义。⑤**无所不用其极**:无处不竭尽其力以求自新。

【译文】

商王成汤刻在洗澡盆上的铭文说:"如果能够一天更新,就应天天更新,更新了还要再更新。"《尚书·周书·康诰》说:"要激励人们弃旧图新。"《诗经·大雅·文王》说:"周王朝虽然是旧的邦国,但却禀受了新的天命。"所以,品德高尚的君子无处不竭尽其力以求自新。

【解析】

朱熹说,这一章是"传之二章,释新民"。

汤是殷商王朝开国之君。本章首引汤之《盘铭》,说明当一个王朝刚建立的时候,执政者总是力图除旧更新的。个人有新的道德,社会有新的风气,政治有新的举措,国家有新的面貌,整个社会欣欣向荣。

但殷商末期,纣王执政,残暴荒淫,终于被周武王推翻。所以《尚书·周书·康诰》中提出,要以殷商灭亡为戒,要人们去恶从善，弃旧图新。

而周人能取得天下，依靠的就是这思想观念上的"新"。周初的执政者认为，周王朝获得了新的"天命"，新就新在"敬德保民"上。周公说："人无于水监，当于民监。"（执政者不要把水当作镜子，而要把民意当作镜子。）（《尚书·酒诰》）武王也说："天视自我民视，天听自我民听。"（上天所看到的来自我们民众所看到的，上天所听到的来自我们民众所听到的。）（《孟子·万章上》引）"民之所欲，天必从之。"（民众所想要的，上天一定听从并且满足他们的要求。）（《国语·周语》引）武王、周公均要求通过保"民"来保"天命"，这是古代中国早期的"民本论"。

这些就是一个"君子"所应当继承和发扬的传统。

关于人的本性，先秦时代的孟子和荀子，先后提出过"性善"、"性恶"之说。其实就一个人来说，他的本性中"善"与"恶"可能都有，"天使"与"魔鬼"往往并存。所以，每一个求学的人，都应当努力地不断地革故鼎新，弃旧图新，革除旧我，获得新生。

【记诵】

苟日新，日日新，又日新。
周虽旧邦，其命维新。

传之三章，释止于至善

《诗》云："邦畿千里,惟民所止。"①《诗》云："缗蛮黄鸟,止于丘隅。"②子曰："于止,知其所止,可以人而不如鸟乎!"

《诗》云："穆穆文王,於缉熙敬止!"③为人君,止于仁;为人臣,止于敬;为人子,止于孝;为人父,止于慈;与国人交,止于信。

《诗》云："瞻彼淇澳,菉竹猗猗。有斐君子,如切如磋,如琢如磨。瑟兮僩兮,赫兮喧兮。有斐君子,终不可谊兮!"④如切如磋者,道学也⑤;如琢如磨者,自修也;瑟兮僩兮者,恂栗也⑥;赫兮喧兮者,威仪也;有斐君子,终不可谊兮者,道盛德至善,民之不能忘也。

《诗》云：“於戏！前王不忘。”⑦君子贤其贤而亲其亲，小人乐其乐而利其利⑧，此以没世不忘也⑨。

【注释】

①"邦畿千里，惟民所止"：是《诗经·商颂·玄鸟》中的句子，其诗歌颂殷高宗武丁的中兴事业。邦畿(jī)，天子所管辖的疆土。《说文》："畿，天子千里地。"止，居止，居住，栖息。②"缗蛮黄鸟，止于丘隅"：是《诗经·小雅·绵蛮》中的句子，其诗以这两句起兴，哀叹在外行役，辛苦劳顿。缗蛮，即绵蛮，鸟叫声。丘，山丘，山坡。隅，角落。③"穆穆文王，於缉熙敬止"：是《诗经·大雅·文王》中的句子。全诗歌颂文王丰功伟绩。穆穆，仪表端庄美好的样子。於(wū)，叹词。缉(jī)熙，光明的样子。止，语助词，无义。④"瞻彼淇澳"数句：这几句是《诗经·卫风·淇奥》中的句子。其诗歌颂卫武公为周平王卿相，虽年过九十，仍敬业不倦，文采斐然。淇，指淇水，在今河南北部。澳，原诗作奥(yù)，水边。菉(lù)，原诗作"绿"。斐，文采。切、磋、琢、磨，是古代制作石、玉、骨器的不同工艺。瑟兮僩(xiàn)兮，态度庄重而胸襟开阔的样子。赫兮喧兮，仪表威严而举止文雅的样子。谖，原诗作"谖"，遗忘。⑤道学：求学、治学。⑥恂栗：谦恭戒惧的样子。⑦"於戏！前王不忘"：是《诗经·周颂·烈文》中的句子，其诗叙述成王祭祀祖先，劝勉助祭诸侯，勿忘前王功业德行。

於戏(wū hū),叹词。前王,指周文王、周武王。⑧**君子**:指在上位的君主。**小人**:指居下位的平民百姓。⑨**此以**:因此。**没世**:去世。

【译文】

《诗经·商颂·玄鸟》说:"天子管辖的疆土,都是老百姓居住的地方。"《诗经·小雅·绵蛮》又说:"'绵蛮'叫着的黄鸟,栖息在山坡之上。"孔子说:"谈到居止,人就应当知道自己的归宿。连黄鸟都知道它该栖息在什么地方,难道人还可以不如一只鸟儿吗!"

《诗经·大雅·文王》说:"仪表端庄品德高尚的文王啊,为人光明磊落,做事始终恭敬谨慎。"作为国君,要做到仁爱;作为臣子,要做到恭敬;作为子女,要做到孝顺;作为父亲,要做到慈爱;与国人交往,要做到诚信。

《诗经·卫风·淇奥》说:"看那淇水弯弯的岸边,嫩绿的竹子郁郁葱葱。有一位文质彬彬的君子,研究学问如加工骨器,不断切磋;修炼自己如打磨美玉,反复琢磨。他态度庄重而胸襟开阔,仪表威严而举止文雅。这样的一个文质彬彬的君子,真是令人难忘啊!"这里所说的"如切如磋",是说他如何求学治学;这里所说的"如琢如磨",是说他如何自我修炼;这里所说的"瑟兮僩兮",是说他对人谦恭,处事谨慎而有所戒惧;这里所说的"赫兮喧兮",是说他仪表威严而举止文雅;这里所说的"有斐君子,终不可谖兮",是说他由于品德非常高尚,达到了最完善的境界,所以民众不能忘怀。

《诗经·周颂·烈文》说:"啊,前代君王的美德真使人难忘啊!"这是因为在上位的君子能够效法前代的君王,尊重贤人,亲近亲族,一般平民百姓也都蒙受恩泽,享受他们向往的安乐,获得他们追求的利益。所以,虽然前代君王已经去世,但民众还是永远不会忘记他们。

【解析】

朱熹说,这一章是"传之三章,释止于至善"。

"止"意为"居止",是人们要到达并留居的地方。正如民有住房、鸟有归巢一样,作为毕生安身立命之所,每一个人也应当有精神上的追求,寻求最终的精神归宿。这种精神追求,其实就是信仰。

"三纲领"明确提出,学者应"止于至善",就是要将"至善"作为精神信仰并终身追求。

"至善"就是"最好","极好",指道德最崇高的境界。

这一章揭示了"至善"的具体内容,包括"仁""敬""孝""慈""信",还包括执政者的政治伦理与道德操守:"贤贤""亲亲"与"乐民""利民"。

后来孟子将人之善性概括为"仁""义""礼""智",汉代又加上了"信",而成为"五常"。

今天,"五常"对于我们,也同布帛菽粟等日常生活必需之物一样,是不可须臾离的东西:

仁——仁者爱人,仁的意思是爱人,是要爱父母长辈,爱兄弟姐妹,进而爱朋友,爱他人,爱民众,爱国家,爱大自然,爱我们人类赖以生存的家园。

义——义者宜也,义的意思是适宜、恰当,做事要恰当合理,讲道义,求真理,走正道,坚守公平正义。

礼——礼即礼法制度,以及与之相适应的礼仪、礼俗、礼貌,在日常生活中,要讲文明,有礼貌,以礼待人,遵纪守法。

智——智是智慧,重在明辨是非,分清善恶,从而决定取舍。

信——信是诚实守信,表里如一,言行一致,重然诺,讲信用,言必信,行必果,有诚意,无二心,待人忠诚,不搞欺蒙诈骗。

两千年来,仁义礼智信这"五常"成了中国人主要的精神追求与道德规范,是中国人不可摧毁的精神信仰。仁义礼智信实为中华民族优秀文化传统的核心与精髓。

【记诵】

于止，知其所止，可以人而不如鸟乎！

为人君，止于仁；为人臣，止于敬；为人子，止于孝；为人父，止于慈；与国人交，止于信。

如切如磋者，道学也；如琢如磨者，自修也；瑟兮僩兮者，恂栗也；赫兮喧兮者，威仪也；有斐君子，终不可谊兮者，道盛德至善，民之不能忘也。

传之四章，释本末

子曰:"听讼,吾犹人也,必也使无讼乎!"^①无情者不得尽其辞^②,大畏民志^③,此谓知本。

【注释】

①"听讼"数句:又见于《论语·颜渊》,是孔子自述对诉讼的看法。孔子曾任鲁国大司寇,掌管刑狱。听讼,听诉讼,即审案子。犹人,与别人一样。②无情者:隐瞒真实情况不讲真话的人。情,实。不得尽其辞,不能够把骗人的谎话继续说下去。③大畏民志:指自己正大光明的品德使人心敬畏。

【译文】

孔子说:"审理案件,我也同别人一样,没有什么不同,要说不同,我只希望一定要让大家没有诉讼,人人和睦相处才好。"使那些想隐瞒真实情况的人不能够把骗人的谎话继续说下去，因为自己光明正大的品德使人们产生了敬畏(从而不再诉讼)，这就叫作懂得了根本。

【解析】

朱熹说，这一章是"传之四章，释本末"。

在"八条目"中，"修身"为本。这一章以刑狱诉讼为喻，说明"治本"的重要。

孔子曾任鲁国大司寇，主管刑狱，对"事之本末"有深切的体会。

在孔子看来，在审理案子时，审明案情，分清是非，明确责任，准确量刑，当然十分重要，但更重要的是：一、社会上人人如能提高道德水准，就会减少案子的发生，甚至达到"无讼"的境地；二、执政者或执法者如能提高自身的道德水准，以自身正大光明的品德使人心产生敬畏，也会减少案子的发生，或使案件的审理得以顺利进行。

人们常说，治标不如治本。抓住了"修身"，就是抓住了根本，这样一来，一切也就会顺理成章了。

【记诵】

听讼，吾犹人也，必也使无讼乎！

传之五章，释格物致知

所谓致知在格物者①，言欲致吾之知，在即物而穷其理也②。盖人心之灵莫不有知③，而天下之物莫不有理，惟于理有未穷，故其知有不尽也。是以"大学"始教，必使学者即凡天下之物④，莫不因其已知之理而益穷之⑤，以求至乎其极。至于用力之久，而一旦豁然贯通焉，则众物之表里精粗无不到⑥，而吾心之全体大用无不明矣⑦。此谓物格，此谓知之至也。

【注释】

①所谓致知在格物者：以此句开头的这一章的原文原来只有"此谓知本。此谓知之至也"两句，朱熹引述程颐意见，认为"此谓知本"一句是上一章的衍文，"此谓知之至也"一句前面"别有阙文"，这一句只是缺少的这段文字的结语。所以，朱熹根

据程颐意见及上下文关系补上了这一章。②即：接近，接触。穷：尽，指彻底探究，深入钻研。③灵：指人心的灵巧。④凡：所有。⑤因：顺，凭借。益，更加。⑥表里：指众物的表面现象和内部实情。精粗：指众物的精细与粗大。⑦全体：指内心的一切感知能力。大用：指内心的一切功用。

【译文】

　　所谓获得知识的途径在于接触和探究万事万物，是说要想获得知识，就在于接触万事万物而深入钻研彻底探究它的道理。人心灵巧无不具有认知能力，而天下万事万物无不具有一定的道理，只不过因为这些道理还没有被人彻底探究，所以人们的知识就显得很有局限。因此，"大学"一开始就教求学者接触和探究天下万事万物，他们没有人不是凭借自己已有的知识去进一步探究，以求彻底认识万事万物的道理。经过长久用功，终有一天会豁然贯通，到那时，万事万物的里外巨细没有不接触到并对其理认识得清清楚楚的，而自己内心的一切感知能力和内心的一切功用没有不彰显而发挥得淋漓尽致的。这就叫对万事万物的接触和探究，这就叫认知的极至。

【解析】

朱熹说，这一章是"传之五章"，"释格物致知之义"。

这一章虽为朱熹所补，但对"格物"的解释完全符合《大学》的本义。

"格"字是什么意思呢？《说文》说："格，木长貌。"段注："引申之长必有所至，故《释诂》曰，格，至也。""至"就是"接触"与"探究"。故本章以"言欲致吾之知，在即物而穷其理也"释"致知在格物"。"即"也是"接近""接触"的意思，"即物"就是"格物"。

明确了"格"字的意思，就能比较准确地把握"格物致知"的意义。这就是说，要接触和探究世界上的万事万物，才能获取知识，换句话说，要获取知识，必须接触和探究世界上的万事万物。

有人认为，只要好好读书，就能"穷其理"，这种看法有片面性。

严复说："夫朱子以即物穷理释格物致知，是也；至以读书穷理言之，风斯在下矣。"书当然要读，也可通过读书而致知，但更重要的，还是要联系实际或亲身实践，接触和探究世界上的万事万物，方能"穷其理"。

当然话又要说回来，书本知识是人类千百年来在实践中积累下来的知识，也应是"世界上万事万物"的重要部分，是不能轻忽的。博览群书与亲身实践,两者不可绝对地对立起来。

北宋程颐说:"凡一物上有一理,须是穷致其理。穷理亦多端,或读书讲明义理,或论古今人物,别其是非,或应接事物而处其当,皆穷理也。"(大凡每一事物就有一个"理",应当努力探究这个"理"。探究这个"理"也是多方面的,有时是读书探明其义理,有时是讨论古今人物,分别弄清他们的是与非,有时是接触具体的事物并进行恰当的处理,这些都可以穷致其"理"。)(见江永《近思录集注·卷三》)

【记诵】

所谓致知在格物者,言欲致吾之知,在即物而穷其理也。

人心之灵莫不有知,而天下之物莫不有理,惟于理有未穷,故其知有不尽也。是以"大学"始教,必使学者即凡天下之物,莫不因其已知之理而益穷之,以求至乎其极。

传之六章，释诚意

所谓诚其意者①，毋自欺也②。如恶恶臭③，如好好色④，此之谓自谦⑤。故君子必慎其独也⑥。

小人闲居为不善⑦，无所不至，见君子而后厌然⑧，掩其不善⑨，而著其善⑩。人之视己，如见其肺肝然，则何益矣。此谓诚于中⑪，形于外。故君子必慎其独也。

曾子曰："十目所视，十手所指，其严乎⑫！"富润屋⑬，德润身⑭，心广体胖⑮。故君子必诚其意。

【注释】

①诚其意：使意念真诚、诚实。②毋(wú)：不要。③恶(wù)恶(è)臭(xiù)：厌恶腐臭难闻的气味。臭，气味，较现代单指臭(chòu)味的含义宽泛。④好(hào)好(hǎo)色：喜爱容貌美丽的

女子。**好(hǎo)色**,面目姣好的美女。⑤**谦**:通"慊"(qiè),快意,内心感觉满足。⑥**慎其独**:在独处时也举止谨慎,言行不苟。⑦**小人**:品德低下的人。**闲居**:即独处。⑧**厌(yǎn)然**:遮盖掩藏、躲躲闪闪的样子。⑨**掩**:遮蔽,掩盖。⑩**著**:张扬,显示。⑪**中**:指内心,下面的"外"指外表。⑫**严**:畏惧、害怕。⑬**润屋**:装饰房屋。⑭**润身**:修饰自身。**润**,修饰,使之丰润,有光彩。⑮**心广体胖(pán)**:心胸宽广,体态舒泰安详。**胖**,宽大,舒坦。

【译文】

所谓使意念真诚、诚实,意思是说不要自己欺骗自己。就好像厌恶腐臭难闻的气味,又好像喜爱容貌美丽的女子,一切都自然地发自内心,这就叫作出自内心真诚而心安理得。所以,品德高尚的君子哪怕是在一个人独处的时候,也一定举止谨慎,言行不苟。

品德低下的小人在闲居独处时做坏事,没有什么坏事不去做,一见到品德高尚的君子便躲躲闪闪,尽力掩盖自己所做的坏事而张扬自己所做的所谓"好事"。殊不知,别人看你自己,就像能看见你的心肺肝脏一样清楚,掩盖又有什么用呢?这就叫作内心有什么真实的想法,就一定会表现到外表上来。所以,品德高尚的君子哪怕是在一个人独处的时候,也一定要举止谨慎,言行不苟。

曾子说:"十只眼睛在看着,十只手在指着,这难道不令人畏惧吗!"财富可以装饰房屋,品德却可以修养身心,使心胸宽广而体态舒泰安详。所以,品德高尚的君子一定要使自己的意念真诚、诚实。

【解析】

朱熹说,这一章是"传之六章,释诚意"。

诚意是要使意念真诚,做人诚实,不自欺欺人。从本质上来说,"诚意"是信仰问题。如果真心信仰,就不会口是心非,言行不一,明里一套,暗里一套,而是一心一意去追求,表现出信仰的虔诚。

内心之诚与行事之敬是紧密相连的。朱熹说:"诚只是一个实,敬只是一个畏。""敬是不放肆的意思,诚是不欺妄的意思。""妄诞欺诈为不诚,怠惰放肆为不敬。"(《朱子语类·卷六》)

"慎独"是说一个人独处时也要敬慎,不要改变自己恒定的道德操守。在无人注视或监督的独处之时,一个人的所作所为,最容易看出他的精神信仰是否虔诚,道德品质是否高尚。

有人以为在独处之时,做了不道德的事,神不知,鬼不觉。但自己可能会受良心的谴责,带来长久的痛苦或心理负担,而且事情可能会暴露于众,遭到众人的鄙视或指责。到那时,"千夫所指,无疾而死"(上千人都伸出手指来指责他,他即使没有疾病也会死掉),后果是很严重的。

"富润屋,德润身。"(财富可以装饰房屋,品德却可以修养身心。)从古到今都是至理名言。人们往往重视"富润屋",轻忽"德润身"。但恰是后一句"德润身",才更能彰显一个人的高贵与美丽。

【记诵】

所谓诚其意者,毋自欺也。如恶恶臭,如好好色,此之谓自谦。故君子必慎其独也。

富润屋,德润身,心广体胖。故君子必诚其意。

传之七章，释正心修身

所谓修身在正其心者，身有所忿懥^①，则不得其正；有所恐惧，则不得其正；有所好乐^②，则不得其正；有所忧患，则不得其正。

心不在焉^③，视而不见，听而不闻，食而不知其味。此谓修身在正其心。

【注释】

①身：程颐认为应为"心"。忿懥（zhì）：愤怒。②好乐（hào yào）：喜好。③焉：代词，相当于"之"、"此"。

【译文】

所谓修养自身的品性要先端正自己的心思，是因为有所愤怒，心就不能够端正；有所恐惧，心就不能够端正；有所喜好,心就不能够端正;有所忧虑,心就不能够端正。

心不端正就像心不在自己身上一样,虽然在看但什么也没看见,虽然在听但什么也没听见,虽然在吃但食物是什么滋味一点儿也不知道。这就是说要修养好自身的品性关键是要先端正自己的心思。

【解析】

朱熹说,这一章是"传之七章,释正心修身"。

为什么"修身"必先正其心?

"心",这里指的是人的意念,人的情绪,人的专注力。

人是有情感的动物,人的愤怒、恐惧、喜乐、忧患之情,都会影响人的专注力,使人"分心";极端的情绪,往往使人不能专注于"修身"。"心不在焉,视而不见,听而不闻……",以至偏离"止于至善"的目标。

因此,"正心"实为"修身"之前提。《中庸》说:"喜怒哀乐之未发,谓之中;发而皆中节,谓之和。"(喜怒哀乐没有表现出来的时候,叫作"中";表现出来以后符合法度原则,叫作"和"。)如能经常保持中和的精神状态,不受外物干扰,不因一时的感情冲动而丧失理智,专心致志,心无旁骛,才能使"修身"日益趋进。

庄子说:"举世而誉之而不加劝,举世而毁之而不加沮。"

（全世界的人都赞誉他，他也不因此而更加努力；全世界的人都非议他，他也不因此而更加沮丧。）（《庄子·逍遥游》）人们"修身"，也需要这样一种内心的"定力"。

【记诵】

所谓修身在正其心者，身有所忿懥，则不得其正；有所恐惧，则不得其正；有所好乐，则不得其正；有所忧患，则不得其正。

传之八章，释修身齐家

所谓齐其家在修其身者，人之其所亲爱而辟焉①，之其所贱恶而辟焉，之其所畏敬而辟焉，之其所哀矜而辟焉②，之其所敖惰而辟焉③。故好而知其恶④，恶而知其美者，天下鲜矣⑤！故谚有之曰："人莫知其子之恶，莫知其苗之硕⑥。"此谓身不修不可以齐其家。

【注释】

①之：介词，相当于"于"。辟(pì)：有偏向，偏心。②哀矜(jīn)：怜悯，同情。③敖(ào)惰：傲慢怠惰，轻视简慢。④恶(è)：坏，恶劣。⑤鲜(xiǎn)：少。⑥硕：大，肥壮。

【译文】

所谓整治好自己的家庭要先修养好自身，是因为人们对于自己所亲爱的人会过分偏爱，对于自己所厌恶的人会过分鄙视，对于自己所敬畏的人会过分推崇，对于自己所同情的人会过分怜悯，对于自己所轻视的人会过分简慢。因此，喜爱一个人却知道那人的缺点，讨厌一个人却又知道那人的优点，能这样全面看人的人天下少有啊！所以有谚语说："人们溺爱子女都不知道自己孩子的缺点，人们贪得无厌都不满足自己幼苗的肥硕。"这就是不修养好自身就不能整治好家庭的道理。

【解析】

朱熹说，这一章是"传之八章，释修身齐家"。

周代初年实行分封制，封土建侯。由于层层分封，各国诸侯以及卿大夫，都有封地、采邑，于是诸侯有"国"，卿大夫有"家"。那时的"家"往往聚族而居，家族就是一个大家庭，而且"家国同构"，往往家国不分。因此，整治好这个大家庭，就成为诸侯与卿大夫从政与治国最为重要的前提与基础。

而要整治好这样的大家庭，国君与家主的"修身"是非常重要的。

孟子说："人有恒言，皆曰'天下国家'。天下之本在国，国之本在家，家之本在身。"（人们常常说"天下国家"。可见天下的根本在国,国的根本在家,家的根本在我们自身。)
(《孟子·离娄上》)

孔子说:"政者,正也。子帅以政,孰敢不正?"("政"这个字的意思就是"正",您率先端正自己,还有谁敢不端正呢?)(《论语·颜渊》)"其身正,不令而行;其身不正,虽令不从。"(统治者自身行为端正,即使他不发布命令事情也行得通;如果他自身行为不端正,即使他发布命令老百姓也不会听从。)(《论语·子路》)

整治家庭最重要的是持守中正,保持中和。对待家人和家事,不能任凭个人情感上的好恶而产生偏心,以至出现偏向、偏差与偏颇。

今天,家庭已经大大地"小型化",但"齐家"的道理还是一样的,那就是"齐家"也要以"修身"为前提,也要持守中道。

【记诵】

所谓齐其家在修其身者,人之其所亲爱而辟焉,之其所贱恶而辟焉,之其所畏敬而辟焉,之其所哀矜而辟焉,之其所敖惰而辟焉。故好而知其恶,恶而知其美者,天下鲜矣!

传之九章，释齐家治国

所谓治国必先齐其家者，其家不可教而能教人者无之。故君子不出家而成教于国：孝者，所以事君也；弟者^①，所以事长也；慈者^②，所以使众也。

《康诰》曰："如保赤子。"^③心诚求之，虽不中^④，不远矣。未有学养子而后嫁者也！

一家仁，一国兴仁；一家让，一国兴让；一人贪戾^⑤，一国作乱。其机如此^⑥。此谓一言偾事^⑦，一人定国。

尧舜帅天下以仁^⑧，而民从之；桀纣帅天下以暴^⑨，而民从之。其所令反其所好，而民不从。是故君子有诸己而后求诸人^⑩，无诸己而后非诸人。所藏乎身不恕^⑪，而能喻诸人者^⑫，未之有也。故治国在齐其家。

《诗》云："桃之夭夭，其叶蓁蓁。之子于归，宜其家人。"⑬宜其家人，而后可以教国人。《诗》云："宜兄宜弟。"⑭宜兄宜弟，而后可以教国人。《诗》云："其仪不忒，正是四国。"⑮其为父子兄弟足法，而后民法之也。此谓治国在齐其家。

【注释】

①弟：即悌(tì)，指弟弟敬爱与顺从兄长。②慈：指父母慈爱子女。③如保赤子：《尚书·周书·康诰》原文作"若保赤子"。这是周公代成王告诫康叔的话，意思是作为卫国国君，保护平民百姓要像父母养护婴儿一样。赤子，初生的婴儿。④中(zhòng)：中的，达到目标。⑤贪戾(lì)：贪婪暴戾。一说犹"贪利"，贪求一己之私利。⑥机：本指弩箭上的发动装置，引申为关键，先兆。⑦偾(fèn)：败，坏。⑧尧舜：父系氏族社会后期部落联盟的两位领袖，传说中的尧帝和舜帝，历来被认为是圣君的代表。帅：同"率"，带领。⑨桀(jié)：夏王朝最后一位君主。纣：即商纣王，殷商王朝最后一位君主。二人历来被认为是暴君的代表。⑩诸："之于"的合音。⑪恕：即恕道。孔子说："己所不欲，勿施于人。"意思是说，自己不想要的，就不要强加给别人。这是一种推己及人，将心比心，关爱他人，处处为他人着想的美德，这

就是儒学所倡导的恕道。⑫喻：明白。这里用作动词，使动用法，使别人明白。⑬"桃之夭夭"数句：是《诗经·周南·桃夭》中的句子。这是一首祝贺女子出嫁的诗，诗中赞美新娘的美丽和贤惠。夭夭(yāo)，鲜嫩、茂盛的样子。蓁蓁(zhēn)，枝叶茂盛的样子。之子，这个女子。于归，指女子出嫁。宜，善，指相处得宜，家人和顺。⑭"宜兄宜弟"：是《诗经·小雅·蓼萧》中的句子，全诗描写诸侯在饮宴中祝颂周王。蓼(lù)，长大的样子。萧，艾蒿，一种有香气的植物。宜，适宜，指兄弟相处和顺。⑮"其仪不忒"数句：是《诗经·曹风·鸤鸠》中的句子。全诗称颂"淑人君子"的仪表风度。鸤鸠，布谷鸟。仪，仪表，仪容。忒(tè)，差错。正，法则。是，此。四国，四方的诸侯。

【译文】

　　所谓治理国家必须先整治好自己的家庭，是因为不能管教好家人而能管教好国人的人，是没有的。所以，品德高尚的君子不出家门就能完成对国人的教育：因为他对父母的孝顺，可以用来侍奉君主；他对兄长的恭顺，可以用来侍奉官长；他对子女的慈爱，可以用来统率民众。

　　《尚书·周书·康诰》说："作为国君，保护平民百姓要像父母养护婴儿一样。"只要内心真诚地去追求，即使达不到目标，也不会相差太远。要知道，(爱子之心出于天性)没有先学会了养孩子而后再去嫁人的啊!

如果一家是仁爱的,一国也会兴起仁爱之风;如果一家是礼让的,一国也会兴起礼让之风;如果有一人贪婪暴戾,一国就会发生动乱。其先兆就是这样清楚,这就叫作说错一句话就会使事情败坏,端正一个人就能使国家安定。

尧舜用仁爱来治理天下,天下之人就会跟随他们走向仁爱;桀纣用凶暴来治理天下,天下之人就会跟随他们走向凶暴。在上位者的命令与自己的实际做法相反,民众是不会服从的。所以,品德高尚的君子,总是自己先具有了美德然后才要求别人具有美德,自己先除掉了自身的恶习然后才能批评别人的恶习。如果本身都不讲这种推己及人的恕道,而想教导别人也讲恕道,那是不可能办到的。所以,治理国家必须先整治好自己的家庭。

《诗经·周南·桃夭》说:"桃树茂密又鲜嫩,枝叶浓郁一片绿。这个姑娘今天要出嫁,她定会让家人都和睦。"让全家人都和睦,然后才能够教导一国的人都和睦。《诗经·小雅·蓼萧》说:"兄弟多么敬顺和睦。"兄弟和睦了,然后才能够教导一国的人都和睦。《诗经·曹风·鸤鸠》说:"举止仪表庄重严肃没有差错,成为四方国家的表率。"只有当一个人无论是作为父亲、儿子,还是兄长、弟弟都值得人效法时,民众才会效法他。这就是说要治理国家必须先整治好自己的家庭。

【解析】

朱熹说,这一章是"传之九章,释齐家治国"。

"修身"是"齐家"的基础,而"齐家"又是"治国"的根基。

"君子不出家,而成教于国",是说家齐于上而教成于下。古代家国同构,家是小的国,国是大的家,齐家可为治国奠定基础,树立榜样。孔子在谈到为政时说:"《书》云:'孝乎惟孝,友于兄弟,施于有政。'是亦为政,奚其为为政?"(《尚书》上说:"孝啊就要孝顺父母,友爱兄弟,并把这种道德风尚影响到政治上去。"这也就是从政了,为什么一定要做官才算是从政呢?)(《论语·为政》)

这就是说家庭伦理可以拓展、演化为社会伦理、政治伦理。

"孝"可与"忠"对接:在家能孝亲,在国就会忠君。

"悌"可与"敬"对接:在家能敬兄,在外就会敬长。

"慈幼"可与"爱民"对接:在家能慈爱幼小,在社会上就会爱护百姓。

在这里,重要的是,在上位者要加强自身修养,处处起表率作用。

【记诵】

所谓治国必先齐其家者,其家不可教而能教人者无之。故君子不出家而成教于国：孝者，所以事君也；弟者，所以事长也；慈者，所以使众也。

《康诰》曰："如保赤子。"心诚求之，虽不中，不远矣。

一家仁，一国兴仁；一家让，一国兴让；一人贪戾，一国作乱。其机如此。此谓一言偾事，一人定国。

君子有诸己而后求诸人，无诸己而后非诸人。所藏乎身不恕，而能喻诸人者，未之有也。故治国在齐其家。

传之十章，释治国平天下

　　所谓平天下在治其国者，上老老而民兴孝①，上长长而民兴弟②，上恤孤而民不倍③，是以君子有絜矩之道也④。

　　所恶于上，毋以使下；所恶于下，毋以事上；所恶于前，毋以先后；所恶于后，毋以从前；所恶于右，毋以交于左；所恶于左，毋以交于右。此之谓絜矩之道。

　　《诗》云："乐只君子，民之父母。"⑤民之所好好之，民之所恶恶之，此之谓民之父母。

　　《诗》云："节彼南山，维石岩岩。赫赫师尹，民具尔瞻。"⑥有国者不可以不慎。辟⑦，则为天下僇矣⑧。

　　《诗》云："殷之未丧师，克配上帝。仪监于殷，峻命不易。"⑨道得众则得国,失众则失国。

是故君子先慎乎德。有德此有人⑩,有人此有土,有土此有财,有财此有用。德者,本也;财者,末也。外本内末,争民施夺⑪。是故财聚则民散,财散则民聚。是故言悖而出者⑫,亦悖而入。货悖而入者,亦悖而出。

《康诰》曰:"惟命不于常。"⑬道善则得之,不善则失之矣。《楚书》曰:"楚国无以为宝,惟善以为宝。"⑭舅犯曰:"亡人无以为宝,仁亲以为宝。"⑮

《秦誓》曰⑯:"若有一个臣,断断兮⑰,无他技,其心休休焉⑱,其如有容焉。人之有技,若己有之。人之彦圣⑲,其心好之,不啻若自其口出⑳,实能容之。以能保我子孙黎民,尚亦有利哉!人之有技,媢疾以恶之㉑,人之彦圣,而违之俾不通㉒,实不能容。以不能保我子孙黎民,亦曰殆哉!"

唯仁人放流之㉓,迸诸四夷㉔,不与同中国㉕。此谓唯仁人为能爱人,能恶人。

见贤而不能举,举而不能先㉖,命也㉗;见不善而不能退㉘,退而不能远,过也。好人之所恶,恶人之所好,是谓拂人之性㉙,灾必逮夫身㉚。

是故君子有大道:必忠信以得之,骄泰以失之㉛。生财有大道:生之者众,食之者寡,为之者疾,用之者舒,则财恒足矣。

仁者以财发身㉜,不仁者以身发财。未有上好仁而下不好义者也,未有好义其事不终者也,未有府库财非其财者也㉝。

孟献子曰㉞:"畜马乘不察于鸡豚㉟,伐冰之家不畜牛羊㊱,百乘之家不畜聚敛之臣㊲。与其有聚敛之臣,宁有盗臣。"此谓国不以利为利,以义为利也。

长国家而务财用者㊳,必自小人矣。彼为善之,小人之使为国家,灾害并至。虽有善者,亦无如之何矣。此谓国不以利为利,以义为利也。

【注释】

①老老:尊敬老人。前一个"老"字用作动词(意动用法),意思是把老人当作老人看待而尊敬他。②长长:尊重长辈。前一个"长"字用作动词(意动用法),意思是把长辈当作长辈看待而尊敬他。③恤(xù):体恤,怜悯。孤:孤儿。幼年丧父或父母双亡称"孤"。倍:通"背",背弃。④絜(xié)矩之道:指推己及人以

身作则,在道德上起示范作用。**絜**,量度。**矩**,画方形的工具,引申为法度,规则。⑤**"乐只君子,民之父母"**:是《诗经·小雅·南山有台》中的句子。这是一首祝颂的诗,在饮宴时宾客祝颂在上位的贤人君子,是"爱民如子"的"民之父母"。**乐(lè)**,快乐,喜悦。**只**,语助词。⑥**"节彼南山"数句**:是《诗经·小雅·节南山》中的句子。此诗为周大夫家父所作,讽刺周幽王任用师尹,政事荒废,民不聊生。**节**,高峻的样子。**岩岩**,岩石堆积的样子。**师尹**,太师尹氏,太师是周代的三公之一。**具**,俱。**尔**,你。**瞻**,瞻仰,仰望。⑦**辟(pì)**:偏颇。⑧**僇(lù)**:通"戮",惩罚,杀戮。⑨**"殷之未丧师"数句**:是《诗经·大雅·文王》中的句子,全诗歌颂文王的丰功伟绩。**师**,民众。**配**,符合。**仪**,宜。**监**,鉴戒。**峻**,大。**不易**,不容易。⑩**此**:乃,才。⑪**争民**:使民众互相争斗。**施夺**:教民众互相抢夺。⑫**悖(bèi)**:违背,违反。⑬**命**:天命。⑭**《楚书》**句:**《楚书》**,楚国史书。据《国语·楚语下》记载,楚昭王派王孙圉(yǔ)出使晋国。晋国赵简子问及楚国"白珩"等珍宝,王孙圉答道:楚国从未将美玉当作珍宝,只是把善人如观射父(人名)这样的大臣和物产丰盛的云梦泽等看作珍宝。至于"白珩"等佩玉,只是玩物而已。⑮**"舅犯"句**:**舅犯**,晋文公重耳的舅舅狐偃,字子犯。**亡人**,流亡的人,指重耳。晋献公之子,据《礼记·檀弓下》记载,晋献公听信骊姬谗言,逼迫太子申生自缢而死,重耳流亡至狄。不久晋献公死,秦穆公派人劝重耳趁机归国夺取君位。重耳将此事告子犯,子犯以为不可,对重耳说:"丧人无宝,仁亲以为宝。"认为趁父死回国夺位,违背仁爱孝亲之德。⑯《秦誓》:是《尚书·周书》中的一篇。公元前628年,秦穆公不听蹇叔劝谏,派兵远袭郑国,未能得手,次年于归国途中,在崤地遭晋伏击,全军覆没,仅三名将帅逃回。本篇为秦穆公在迎接他们时的说辞,诚恳地检讨自己的过错。下面引文与今本《尚书》文字略有出入。⑰断断:诚实专一的样子。⑱休休:宽宏大量的样子。⑲彦圣:美善明达。⑳不啻(chì):不但。㉑媢(mào)疾:妒嫉。㉒违:阻碍压抑。俾:使。㉓放流:流放。㉔进:即"屏"(bǐng),除去,驱逐。四夷:四方之夷,相对于中原华夏族而言,指四方少数民族及其居住地区。㉕中国:泛指中原地区。㉖先:尽早使用。㉗命:当作"慢"(东汉郑玄说),怠慢。㉘退:辞退,摒弃。㉙拂:逆,违背。㉚逮:及,到。夫(fú):指示代词。㉛骄泰:骄恣放纵。㉜发身:成名,起家。㉝府库:国家贮藏财物、兵甲的处所。㉞孟献子:鲁国贤大夫仲孙蔑。㉟畜(xù):饲养。乘(shèng):古时四匹马拉的车为一乘。畜马乘是大夫官的待遇。察:仔细察看,引申为计较。豚(tún):猪。㊱伐冰之家:指丧祭时能凿冰以保存遗体的卿大夫之家。㊲百乘之家:拥有一百辆车的人家,指有封邑采地的诸侯、卿大夫之家。聚敛之臣:指搜刮民众钱财的家臣。㊳长(zhǎng)国家:成为一国之长,指诸侯。

【译文】

所谓平治天下必须先治理好自己的国家,是因为在上位者尊敬老人,老百姓就会兴起孝敬父母之风,在上位者尊重长辈,老百姓就会兴起尊敬兄长之风,在上位者体恤救济孤儿,老百姓就不会背离而是跟着去做,所以品德高尚的君子有"絜矩之道",总能推己及人以身作则。

如果厌恶上司对你的态度,就不要用这种态度去对待你的下属;如果厌恶下属对你的态度,就不要用这种态度去对待你的上司;如果厌恶在你前面的人对你的态度,就不要用这种态度对待在你后面的人;如果厌恶在你后面的人对你的态度,就不要用这种态度去对待在你前面的人;如果厌恶在你右边的人对你的态度,就不要用这种态度去对待在你左边的人;如果厌恶在你左边的人对你的态度,就不要用这种态度去对待在你右边的人。这就叫作推己及人、以身作则、在道德上示范于人的"絜矩之道"。

《诗经·小雅·南山有台》说:"多么快乐的国君啊,您是老百姓的父母。"老百姓喜爱的,他也喜爱,老百姓厌恶的,他也厌恶,这样的国君就可以说是老百姓的父母了。

《诗经·小雅·节南山》说:"那巍峨的南山啊,岩石层层耸立。那显赫的太师尹氏啊,老百姓都注视着你。"统治国家的人不可不谨慎。言行稍有偏颇,就会受到天下人惩罚。

《诗经·大雅·文王》说:"殷王朝没有丧失民心的时候,德行还能够符合上帝的旨意。应当以殷王朝的覆灭作鉴戒,守住天命并不是一件容易的事。"这就是说国君有道,得到民心就能得到国家,国君无道,失去民心就会失去国家。

所以,品德高尚的君子首先要认真谨慎地修养品德。有良好的品德才会有人拥护,有人拥护才能保有土地,有土地才会有财富,有财富才能有钱物使用。品德啊,这是根本;财富啊,这是枝末。假如把根本当成了外在的东西却把枝末当成了内在的根本,那就是使民众互相争斗,教民众互相抢夺。因此,国君聚敛财富,民心就会离散;国君散财于民,民心就会凝聚。所以国君说话背理,老百姓也以背理来回敬国君。国君的财货以违理手段而得,总有一天老百姓也会用违理手段夺去。

《尚书·周书·康诰》说:"天命是无常的。"这就是说行善道便会得到天命,不行善道便会失去天命。《楚书》说:"楚国没有把什么当作宝物,只是把行善道当作宝物。"晋文公重耳的舅父舅犯(狐偃)说:"流亡在外的人没有把什么当作宝物,只是把仁爱孝亲当作宝物。"

《尚书·周书·秦誓》载秦穆公之言道:"如果有这样一位大臣,忠诚老实,虽然没有什么特别的才能,但他心胸宽广,大度容人。别人有才能,就好像他自己有一样。别人美善明达,他心悦诚服,不只是在口头说说而已,而是内心着实赞赏接纳。用这种人能够保护我的子孙和黎民百姓,对国家是很有利的啊！相反，如果别人有才能，他就妒嫉厌恶，别人美善明达，他便想方设法压制排挤，内心实在不能包容接纳。如果用这种人不仅不能保护我的子孙和黎民百姓，而且可以说是危险得很啊！"

因此，有仁德的君子会把这种对人不能包容接纳的人流放，把他们驱逐到边远的四夷之地去，不让他们同住在国中。这说明，有仁德的君子爱憎分明，能明确地喜好善人，能明确地厌恶恶人。

发现贤才而不能选拔出来，选拔出来了而不能尽早使用，这是轻慢；发现恶人而不能辞退，辞退了而不能把他们驱逐到远方，这是过错。喜好众人所厌恶的，厌恶众人所喜好的，这是违背人的本性，灾难必定会降临到自己身上。

因此，身为国君的君子治理国家有正确的途径：忠诚守信便一定会获得一切，骄恣放纵便一定会失去一切。增殖财富也有正确的途径：生产的人多，消费的人少，生产的人勤奋努力，消费的人节约用度，这样，财富便会经常充足。

仁爱的人仗义疏财以成名起家，不仁的人不惜以生命为代价去敛钱发财。没有在上位的人喜好仁德而在下位的人却不喜好忠义的，没有喜好忠义而为国君做事却半途而废的，没有不将府库里的财物当成自己财物而加以保护的。

鲁国贤大夫孟献子（仲孙蔑）说："能畜养四马拉车的士

大夫之家就不要再去养鸡养猪，能在祭祀时用冰的卿大夫家就不要再去养牛养羊，拥有一百辆兵车的诸侯之家就不要去收容搜刮民财的家臣。与其有搜刮民财的家臣，不如有偷盗东西的家臣。"这意思是说，治理一个国家的君主不应该以财货为利益，而应该以仁义为利益。

做了国君却还一心想着并尽力去聚敛财富，这必然是出于小人的诱导。而国君还以为那些小人是好人，放手让他们去管理国家大事，结果是天灾人祸一齐降临。这时虽有贤能的人，却也没有办法挽救危局了。所以说国君不应该以财货为利益，而应该以仁义为利益。

【解析】

朱熹说，这一章是"传之十章，释治国平天下"。

在周代，国指诸侯国（西周初年分封了 71 国），天下则指周王治下的"王土"，所谓"溥天之下，莫非王土"（普天之下，没有什么土地不是属于王所管辖的），也就是周王朝所管辖的全部疆域。从"治国"到"平天下"，是由小说到大，由部分说到全体。"治国"与"平天下"的道理，原本就是相通的。

这一章篇幅最大，内容最为丰富，包含着古人许多宝贵的从政经验与政治伦理。

"推己及人"——文中所说的"絜矩之道"，其实是"恕"

道。所谓"恕"，是指宽容、厚道、仁慈、忍让，以仁爱之心待人，能推己及人，将心比心，处处为他人着想，并且处处以身示范，为人表率。正如孔子所说："夫仁者，己欲立而立人，己欲达而达人。"（说起仁来，那就是自己想要在社会上立足也要让别人在社会上立足，自己想要事事通达也要让别人事事通达。）（《论语·雍也》）"己所不欲，勿施于人。"（自己所不想要的东西，不要强加在别人身上。）（《论语·颜渊》）己之所好，与人共之；己之所恶，切勿加之。这是一种爱心、同情心，是将家庭伦理（孝悌）放大到社会上而形成的社会伦理、政治伦理（忠恕）。

"爱民如子"——古人认为，处在上位的执政者对待处在下位的民众，应该像父母疼爱自己的子女那样，关心他们，养育他们，疼爱他们，保护他们。早在春秋时代，就有开明的政治家提出，执政者应当"视民如子"（把民众看成是自己的子女，倍加爱护）（《左传·襄公二十五年》），"视民如伤"（把民众看成是有了伤痛，倍加呵护）（《左传·哀公元年》）。战国时代的孟子，曾怒斥厚敛百姓的统治者，说："庖有肥肉，厩有肥马，民有饥色，野有饿莩，此率兽而食人也。兽相食，且人恶之，为民父母，行政，不免于率兽而食人，恶在其为民父母也？"（你厨房里有大块的肥肉，马棚里有肥壮的马，但老百姓却面有饥色，野外到处是饿死者的尸骸，你简直是带着野兽来吃人啊！野兽互相残杀咬食，人尚且厌恶它们，你是老百姓的父母官，竟然带着野兽来吃人，怎么能算是老百姓的父母官呢?)又说:"保民而王，莫之能御也。"(诚心保护民众的人，他去统一天下是没有谁能抵挡得了的。)(《孟子·梁惠王上》)他要求在上位者要像父母保护子女那样保护民众。

"崇德亲仁"——孔子主张以德治国，实行德治。他说:"为政以德，譬如北辰，居其所而众星共之。"(用"德"来治理国家，自己就好像北极星，处在一定的位置上，其他星辰都围绕着它。)(《论语·为政》)"德"有"道德"和"恩德"两种含义。孔子认为，实行"德治"，首要任务是在物质上给民众以恩惠(惠民)，其次，在精神上执政者要提高道德修养(爱民)，并重视对民众的道德教育(化民)。这样做，天下就会大治。当他知道弟子冉求为执政者季孙氏聚敛钱财时，愤怒地说:"非吾徒也，小子鸣鼓而攻之可也。"(冉求不是我们这样行仁义的人，你们这班弟子可以大张旗鼓地去声讨他。)(《论语·先进》)这充分体现了孔子仁政爱民的精神。总之，儒家的治国观念是:"德者，本也;财者，末也。"

"尊贤容众"——在治国方略上，儒家主张"选贤与能"(选举贤能的人来管理国家事务)，任用贤才。孔子把"先有司，赦小过，举贤才"(给下级官吏带头并引导他们去做，宽赦人家的小过失，选拔优秀的人才)(《论语·子路》)视为最重要的为政准则。其弟子子张更进一步，主张"尊贤而容众，嘉善而矜不能"（尊敬贤人又能容纳众人，赞许好人又能怜悯无能的人）(《论语·子张》)。在孟子的"仁政"学说中，明确倡导贤能政治。孟子主张"尊贤使能，俊杰在位"（尊重贤良的人，任用能干的人，让杰出的人才都有官位），"贵德而尊士，贤者在位，能者在职"（崇尚道德而尊重士人，使贤良的人都有官位，能干的人都有职务）(《孟子·公孙丑上》)。

"以义为利"——孔子对"义"和"利"，有着非常辩证的看法。孔子说："君子喻于义，小人喻于利。"（君子通晓于义，小人通晓于利。)(《论语·里仁》)孔子又说："放于利而行，多怨。"（只顾个人利益而行事，会招致很多怨恨。)(《论语·里仁》)他认为居上位的"君子"，如果为谋一己之私利而抛弃道义，就会招致民众的怨恨。君子应该根据道义去"利民"，并且"因民之所利而利之"（顺着民众能获利之处去做而使他们获利)(《论语·尧曰》)，这样一来就会得到民众的拥护，这就叫作"以义为利"。长期以来，儒家都十分重视公私之分、义利之辨，认为这是修身和从政一个重要的原则问题。

所谓平天下在治其国者,上老老而民兴孝,上长长而民兴弟,上恤孤而民不倍,是以君子有絜矩之道也。

所恶于上,毋以使下;所恶于下,毋以事上;所恶于前,毋以先后;所恶于后,毋以从前;所恶于右,毋以交于左;所恶于左,毋以交于右。此之谓絜矩之道。

《诗》云:"乐只君子,民之父母。"民之所好好之,民之所恶恶之,此之谓民之父母。

道得众则得国,失众则失国。

是故君子先慎乎德。有德此有人,有人此有土,有土此有财,有财此有用。

德者,本也;财者,末也。

财聚则民散,财散则民聚。

唯仁人为能爱人,能恶人。

是故君子有大道:必忠信以得之,骄泰以失之。生财有大道:生之者众,食之者寡,为之者疾,用之者舒,则财恒足矣。

仁者以财发身，不仁者以身发财。未有上好仁而下不好义者也，未有好义其事不终者也，未有府库财非其财者也。

国不以利为利，以义为利也。

中　庸

第一章　致中和，天地位而万物育

天命之谓性①，率性之谓道②，修道之谓教③。

道也者，不可须臾离也④，可离非道也。是故君子戒慎乎其所不睹，恐惧乎其所不闻。莫见乎隐⑤，莫显乎微，故君子慎其独也。

喜怒哀乐之未发，谓之中；发而皆中节⑥，谓之和。中也者，天下之大本也；和也者，天下之达道也。致中和，天地位焉，万物育焉。

【注释】

①天命：天赋，指人的自然禀赋。性：本性。儒家认为，每人都有天赋的"本然之善"，即执中守正，中正的主要内容就是仁、义、礼、智、信。②率：遵循。道：道路，规律。③修道：修明中正之道。④须臾：片刻。⑤见（xiàn）：同"现"，显现。⑥中

（zhòng）:符合。节:法度,原则。

【译文】

人的自然禀赋(本然之善)叫作"性",顺着本性去做(执中守正)叫作"道",按照"道"的原则修身养性叫作"教"。

"道"是不可以片刻离开的,如果可以离开,那就不叫作"道"了。因此,品德高尚的君子在无人看见的地方也是警惕谨慎的,在无人听见的地方也是担心戒惧的。极其隐蔽的东西总会被人发现,极其细微的东西总会显露出来,所以,品德高尚的君子在一人独处的时候言行也是十分谨慎的。

喜怒哀乐没有表现出来的时候,叫作"中";表现出来以后符合法度原则,叫作"和"。执中守正,是天下一切情感和道理的根本;折中致和,是天下一切事物的普遍原则。达到"中和"的境界,天地便各在其位了,万物便生长繁育了。

【解析】

《中庸》前十一章主要谈"中庸"(中和),本章是这十一章的总纲。对本章内容,朱熹作了非常明确的提示:"子思述所传之意以立言:首明道之本原出于天而不可易,其实体备于己而不可离,次言存养省察之要,终言圣神功化之极。"(这是子思概述在《中庸》篇中所提出的主要观点:首先说明中庸〔中和]之道原是天赋之本性而不可轻易改变,其次说明中庸[中和]之道其实在自己身上已经具有而不可片刻离开,再其次说明长久保存涵养中庸[中和]之道不断反省自察的重要,最后说明中庸[中和]之道极具天地化育之神功。)

文章一开头便说:"天命之谓性,率性之谓道,修道之谓教。"意思是说,中庸(中和)之道原本就存在于天赋的本性中,为人性之所固有,顺着本性行事,就是正道、达道——中庸(中和)之道。人们据此修养自己和教化他人,就叫作"教"。文章从极高处切入,大气磅礴,大有高屋建瓴之势,有力地说明了中庸(中和)之道原是天赋而"不可须臾离"的。

接下来作者提出了"慎独"的要求。对中庸(中和)之道的持守,原本就是明处易,暗处难,人前易,人后难,一时易,终身难。故独处时尤须恭谨、戒惧,这是修己所必须经受的考验,也是实现"不可须臾离"的难点与重点。

最后从人的性情来阐释"中庸(中和)"之道。当"喜怒哀乐"未发之时,人的性情自然是中正不偏的,这就是"中"(是先天的禀赋);而一旦接触了外物,有了"喜怒哀乐"之情,但抒发出来都合乎"执两用中",并且"无过无不及",这就是"和",是后天教化所获。"中和"是天下一切情感和道理的根本,也是天下一切事物的普遍原则。如果在宇宙万物中,在人类世界里,都能践行中庸(中和)之道,就会达到"天地位"和

"万物育"的极致。这就是中庸(中和)之道的神功造化。

【记诵】

天命之谓性,率性之谓道,修道之谓教。

道也者,不可须臾离也。

中也者,天下之大本也;和也者,天下之达道也。

致中和,天地位焉,万物育焉。

第二章　君子中庸，小人反中庸

　　仲尼曰①:"君子中庸,小人反中庸。君子之中庸也,君子而时中②。小人之反中庸也③,小人而无忌惮也④。"

【注释】

　　①仲尼:孔子,名丘,字仲尼。②时中:随时以处中,即因时制宜,按照当时情况去做,执中守正,或折中致和。③反:原文无"反"字,据别本补。④忌惮:顾忌,害怕。

【译文】

　　孔子(仲尼)说:"君子总是按中庸行事,小人总是违背中庸。君子之所以总是按中庸行事,是因为君子总能因时制宜按照当时情况做到执中守正,无过无不及。小人之所以违背中庸,是因为小人肆无忌惮,好走极端。"

【解析】

从这一章至第十一章,都是阐释"中庸"的意思。为什么不说"中和"而说"中庸",朱熹引游酢之言,解释道:"以性情言之,则曰中和,以德行言之,则曰中庸是也。"(从性情上来说,就叫作中和,从德行上来说,就叫作中庸。)朱熹也指出:"中庸之中,实兼中和之义。"可见中和即中庸,中庸即中和,"中"也含了"和"。

这一章以是否持守中庸作为分界线,区分"君子"与"小人"。

道德高尚的"君子",因为有君子之德,所以能"时中",即"随时以处中"。也就是说,君子总能因时制宜,根据不同时间、不同地点、不同情况、不同条件,或执中守正,或折中致和,从而总能处在"不偏不倚""无过无不及"的中正位置上。因此,君子每时每刻都能持守中道,这是君子的操守。

至于道德低下的"小人",则是肆无忌惮地"反中庸",他们情绪偏激,好走极端,露才扬己,肆意妄为。他们总是与中庸之道背道而驰。

【记诵】

君子中庸,小人反中庸。

君子之中庸也,君子而时中。

第三章　中庸其至矣乎

子曰:"中庸其至矣乎! 民鲜能久矣^①!"

【注释】

①鲜(xiǎn):少。

【译文】

孔子说:"中庸之道大概是最高的德行了吧! 但很少有人能够真正去践行,这种情况已经很久了!"

【解析】

孔子认为中庸之德,是最高的境界,但一般人难于执守,往往不是"过"就是"不及","过则失中,不及则未至"(过则偏离了中,不及则未达到中),这是由于教化缺失所致,因此孔子

发出深深的感叹。此句也见于《论语·雍也》,《论语》无
"能"字。

【记诵】

中庸其至矣乎!

第四章 谁能食而知其味

子曰:"道之不行也,我知之矣,知者过之①,愚者不及也;道之不明也,我知之矣,贤者过之,不肖者不及也②。人莫不饮食也,鲜能知味也。"

【注释】

①知者:即智者,与愚者相对,指那些所谓"聪明过头"的人。
②不肖(xiào)者:与贤者相对,指不贤的人。

【译文】

孔子说:"中庸之道不能实行的原因,我知道了,那些所谓'聪明过头'的人总是思想偏激看法过了头,而愚昧的人认识又跟不上因而不能理解它;中庸之道不能弘扬的原因,我知道了,那些所谓'贤能超群'的人总是做得太过分,而不贤的人根本做不到。这就好像人们每天不能不吃喝,但却很少有人能够真正品尝出饮食的滋味。"

【解析】

孔子分析人之背离"中庸"而有"过"与"不及"之弊,原因在于所谓的"知者",自以为聪明,但对事物的认识往往过了头,而愚者又往往认识不到;所谓的"贤者"自以为能干,但做起事情来往往过了头,而不肖者又往往做不到。人们在日常生活中未能自觉持守"中庸",正如在日常饮食中很少能"知其味",对此孔子表示惋惜。孔子这番话,重在告诫人们,无论看问题还是做事情,须知"过犹不及"("过头"和"赶不上"一样,都偏离了中道),因而不可偏激,不要走极端,而应从容适度,恪守中道。

【记诵】

道之不行也,我知之矣,知者过之,愚者不及也。

道之不明也,我知之矣,贤者过之,不肖者不及也。

第五章　道之不行

子曰:"道其不行矣夫^①。"

【注释】

①其:语气词,表推测。

【译文】

孔子说:"中庸之道大概不能在社会上践行了吧。"

【解析】

此章仅一句,承上章之意,孔子认为由于道之不明,因而才会导致道之不行,以此引起以下各章,认为行道首先要明道。

第六章　大舜执其两端，用其中于民

子曰："舜其大知也与！舜好问而好察迩言①，隐恶而扬善，执其两端②，用其中于民。其斯以为舜乎！"

【注释】

①迩言：浅近的话。迩，近。②两端：指事物或问题两个极端(如"左"与"右"，"过"与"不及")的情况，也指事物或问题方方面面的情况。

【译文】

孔子说："舜定是具有大智慧的人吧！他喜欢向人问问题，又善于分析别人浅近话语里的含义。他待人宽厚，从不渲染别人的不善，但总是宣扬别人的善。他善于掌握'过'与

'不及'两端的意见及方方面面的情况,通过折中调和,确定中正恰当的决策,而施行于老百姓。这就是舜之所以为舜的地方吧!"

【解析】

孔子以舜之"大知"来说明应当怎样"行道",即怎样运用"中庸"之道。舜的"大知"主要是"执其两端,用其中于民"。凡事都先弄清楚事物或问题两个极端、对立的两个方面的情况,弄清楚事物或问题方方面面的情况,然后通过折中调和,找出"中正""中和"的办法,运用到民众身上,这就叫作"执两用中","折中致和",无"过"也无"不及",是中庸之道作为方法论的精髓。

《论语·尧曰》载,尧将天子之位禅让给舜时,曾告诫舜"允执其中,四海困穷,天禄永终"(真诚地执守中道,如果四海之内民众都陷入困苦贫穷之中,上天给你的禄位就永远终止了)。

大舜为什么能做到"执两用中""允执其中"?一是"好问而好察迩言",用今天的话来说就是善于调查研究,一切从实际出发。一是"隐恶而扬善",宅心仁厚,有仁爱宽厚之心,厚德载物,能包容万物。

【记诵】

舜好问而好察迩言,隐恶而扬善。

执其两端,用其中于民。

第七章　择乎中庸，要能持守

　　子曰:"人皆曰'予知',驱而纳诸罟擭陷阱之中①,而莫之知辟也②。人皆曰'予知',择乎中庸,而不能期月守也③。"

【注释】

　　①罟(gǔ):捕兽的网。擭(huò):内装机关的捕兽的木笼。②辟(bì):同"避"。③期(jī)月:一整月。

【译文】

　　孔子说:"人人都说'我很聪明,我都知道',可是被驱赶到罗网陷阱中却不知躲避。人人都说'我都知道了',可是选择了中庸之道却连一个月的时间也不能坚持。"

【解析】

此承上章,与舜之"大知"相对照的是,一些人自以为知"道",其实不是真"知",行为违背"中庸",陷入陷阱,开启祸端,还不知为何;另一些人即使能选择"中庸"之行,但并不自觉,连一个月也不能坚持,这从反面说明了"明道"的重要。

【记诵】

人皆曰"予知",择乎中庸,而不能期月守也。

第八章　颜回拳拳服膺而弗失

子曰："回之为人也[①],择乎中庸,得一善,则拳拳服膺而弗失之矣[②]。"

【注释】

①回:孔子的学生颜回,字子渊,又称颜渊。他天资聪慧,好学深思,安贫乐道,深得孔子赞赏。②拳拳:紧紧握住的样子,引申为诚恳、恳切。服膺:放在心上。膺,胸口。拳拳服膺,是诚恳信奉、衷心信服的意思。

【译文】

孔子说:"颜回的为人是这样的,他选择了中庸之道,只要得到了一点好处,就会把中庸之道牢记在心,诚恳信奉,再也不让它失去。"

【解析】

颜回能"闻一以知十"(听到一件事便可推知十件事)
(《论语·公冶长》),并且"三月不违仁"(他的心可以长久地
不背离仁德)(《论语·雍也》),是孔子最优秀的学生,常受到
孔子称赞。孔子说他选择了"中庸",得"一善",有了成效,便
一辈子记住并终身奉行。颜回实为既能"明道"又能"行道"
的典范。

【记诵】

回之为人也,择乎中庸,得一善,则拳拳服膺而
弗失之矣。

第九章　白刃可蹈，中庸难行

子曰:"天下国家可均也^①，爵禄可辞也^②，白刃可蹈也^③，中庸不可能也。"

【注释】

①均:平，指治理。②爵禄:官吏的爵位和薪俸。③蹈:踏。

【译文】

孔子说:"天下国家可以治理太平，爵位俸禄可以放弃不要，雪白的刀刃可以从上踏过，但比较起来，中庸之道却难于践行得好。"

【解析】

孔子先列三事，以三者本难行，今却易为("可均"，"可辞","可蹈"),反衬"中庸"本易为,今却难行("不可能")。对此,孔子发出深深的感叹。

中庸之道,本是简明而易行,但何以有人"难明""难行"?朱熹说:"然非义精仁熟,而无一毫人欲之私者,不能及也。"(如果不是有深厚的仁义道德修养因而没有丝毫私欲的膨胀,那是做不到中庸的。)可知要持守"中庸"之道,应具备人性之"本然之善",行事则应以仁义为本。

【记诵】

天下国家可均也,爵禄可辞也,白刃可蹈也,中庸不可能也。

第十章　子路问强（君子和而不流，中立而不倚）

　　子路问强①。子曰:"南方之强与? 北方之强与? 抑而强与②? 宽柔以教,不报无道③,南方之强也,君子居之④。衽金革⑤,死而不厌⑥,北方之强也,而强者居之。故君子和而不流⑦,强哉矫⑧! 中立而不倚,强哉矫! 国有道,不变塞焉⑨,强哉矫! 国无道,至死不变,强哉矫!"

【注释】

　　①子路:孔子的弟子仲由,字子路。他为人勇武,行事果敢,但有时显得鲁莽。②抑:选择性连词,意为"还是"。而:代词,你。与:疑问语气词。③报:报复。④居:处。⑤衽(rèn):卧席,此处用作动词。金:指铁制的兵器。革:指皮革制成的甲盾。

⑥**死而不厌**:至死都心甘情愿的意思。厌,满足。⑦**和而不流**:性情平和但不随波逐流。⑧**矫(jiǎo)**:坚强的样子。⑨**不变塞(sè)**:不改变志向。塞,诚实。

【译文】

孔子的弟子子路问什么是强。孔子说:"你所问的是南方的强呢? 北方的强呢? 还是你所追求的强呢? 用宽厚柔顺的精神去教诲人,人家对我蛮横无礼也不报复,这是南方的强,品德高尚的君子以此自处。用兵器甲盾当枕席,至死都心甘情愿,这是北方的强,勇武好斗的人以此自处。所以,品德高尚的君子性情平和但不随波逐流,这才是真正的坚强啊! 持守中正而不偏不倚,这才是真正的坚强啊! 国家政治清平时不改变志向,这才是真正的坚强啊! 国家政治黑暗时坚持操守,宁死不变,这才是真正的坚强啊!"

【解析】

孔子弟子子路一向好勇逞强,孔子针对子路之问,提出"北方之强"与"南方之强"加以辨析,指出如"南方之强"那样"宽柔以教,不报无道",也是"强"。并告诉子路,应当"和而不流","中立而不倚",任何时候都不改变原有的"中正""中和"的操守,这才是真正的"强"。孔子曾说:"君子有勇而无义为乱"（君子有勇而无义就会搞叛乱）（《论语·阳货》），"勇而无礼则乱"（勇敢却不懂礼就会莽撞乱来）（《论语·泰伯》），并说子路"好勇过我，无所取材"（好勇的精神超过了我，这就没有什么可取的呀）（《论语·公冶长》），认为子路之"勇"，要用"礼义"来节制，回归中庸之道。

【记诵】

君子和而不流，强哉矫！

中立而不倚，强哉矫！

国有道，不变塞焉，强哉矫！

国无道，至死不变，强哉矫！

第十一章　君子遵道而行，依乎中庸

子曰："素隐行怪^①,后世有述焉^②,吾弗为之矣。君子遵道而行,半途而废,吾弗能已矣^③。君子依乎中庸,遁世不见知而不悔^④,唯圣者能之。"

【注释】

①素:据《汉书》,应为"索",是"寻求"的意思。隐:隐僻。怪:怪异。②述:记述,称道。③已:止,停止。④遁世:避世隐居,远离尘俗。见知:被知。见,被。

【译文】

孔子说:"有人背离中庸去寻找隐僻的歪理做些怪诞的事情来欺世盗名,后世也许会有人来记述他称道他,但我是不会这样做的。有些品德高尚的君子开头能按照中庸之道去做,但是往往半途而废,不能坚持下去,但我是不会停下来的。真正的君子总是遵循中庸之道坚持走下去,即使一生远离尘俗不被人知道也不后悔,这只有达到英明圣哲境界的人才能做得到。"

【解析】

孔子以知、仁、勇为三达德。上面几章分别以大舜之知、颜回之仁、子路之勇来阐明认识与实行中庸之道需要以知、仁、勇为基础。本章则再次引孔子之言总结上述各章之意:孔子依乎中庸,不去深求"隐僻"之理,不去故为"诡异"之行,遵道而行绝不半途而废,即使不为人知也终身不悔,显示了对中庸之道的执着追求。

以上十一章是全篇的第一部分,重点论"中庸",说明"中也者,天下之大本也;和也者,天下之达道也。致中和,天地位焉,万物育焉",中庸之道是"不可须臾离"的。

【记诵】

君子依乎中庸,遁世不见知而不悔。

第十二章　君子之道费而隐

　　君子之道费而隐①。

　　夫妇之愚②,可以与知焉③,及其至也,虽圣人亦有所不知焉。夫妇之不肖,可以能行焉,及其至也,虽圣人亦有所不能焉。天地之大也,人犹有所憾。故君子语大,天下莫能载焉;语小,天下莫能破焉④。

　　《诗》云:"鸢飞戾天,鱼跃于渊。"⑤言其上下察也⑥。

　　君子之道,造端乎夫妇⑦,及其至也,察乎天地。

【注释】

　　①费:大,广泛。隐:小,精微。②夫妇:匹夫匹妇,指普通男女。愚:愚朴。③与(yù):动词,参与。④破:剖析,分开。⑤"鸢飞戾天,鱼跃于渊":是《诗经·大雅·旱麓》中的句子,全诗歌颂

周文王祭祖得福。鸢（yuān），老鹰。戾（lì），至，达到。⑥察：昭著，明显。⑦造端：开始。

【译文】

君子所持守的中庸之道作用非常广泛而道理又非常精微。

普通男女虽然愚朴无知，也可以了解日常生活中的中庸之道，但它的最精微的道理，即使是圣人也有弄不清楚的地方。普通男女虽然不贤明，也可以实行日常生活中的中庸之道，但它的最高深境界，即使是圣人也有达不到的地方。天地是这样的辽阔广大，但人们仍有不满足的地方。所以，君子说到中庸之道作用之广泛，就大得连整个天下都载不下；君子说到中庸之道道理之精微，就小得连一点儿也剖析不了。

《诗经·大雅·旱麓》说："老鹰高飞至蓝天，游鱼跳跃在深渊。"就是说持守中庸之道就能把天上地下都察看分明。

君子所持守的中庸之道，开始于普通男女的日常生活，但它的最高深境界却显耀于整个天地。

【解析】

从本章起，至二十章，重点论"道"，主要讲"道不远人"，道之"不可须臾离"，中庸之道的运用，既广大又精微。

本章说，君子之道，也就是中庸之道，运用极广，小到"夫妇居室"，大到"圣人天地"，无远弗届，无所不包。像鸟高飞蓝天，像鱼下潜深渊，持守中庸之道，可明察天地，洞悉万有。至于其义理，其浅近之处，"匹夫匹妇"皆能理解和运用；其深奥之处，即使是圣人也难完全破解领悟。从而告诉人们，不要因为其"道"浅近就轻忽它，也不要因为其"道"深奥就疏远它。中庸之道就在我们身边，我们一刻也不能离开它。

【记诵】

君子之道费而隐。

君子之道，造端乎夫妇，及其至也，察乎天地。

第十三章　道不远人

子曰:"道不远人。人之为道而远人,不可以为道。

"《诗》云:'伐柯伐柯,其则不远。'①执柯以伐柯,睨而视之②,犹以为远。故君子以人治人,改而止。

"忠恕违道不远③,施诸己而不愿,亦勿施于人。

"君子之道四,丘未能一焉:所求乎子以事父,未能也;所求乎臣以事君,未能也;所求乎弟以事兄,未能也;所求乎朋友先施之,未能也。庸德之行④,庸言之谨,有所不足,不敢不勉,有馀不敢尽。言顾行,行顾言,君子胡不慥慥尔⑤!"

【注释】

①"伐柯伐柯,其则不远":是《诗经·豳风·伐柯》中的句子,全诗以伐柯取则作比兴,喻婚嫁须依礼而行。**伐柯**,砍削树枝做斧柄。**柯**,斧柄。**则**,法则,这里指斧柄的式样。②**睨**:斜视。③**违道**:离道。**违**,离。④**庸**:平常。⑤**胡**:何,怎么。**慥慥**(zào):忠厚笃实的样子。

【译文】

孔子说:"中庸之道并不是远离人们的。如果有人实行中庸之道却又让它远离人们,那就不可以真正实行中庸之道了。

"《诗经·豳风·伐柯》说:'砍斧柄啊砍斧柄,斧柄的样子就在眼前。'拿着斧柄砍削树枝做斧柄,应该说范式就在眼前,但如果你斜眼一看,还是会发现自己的手工与眼前的范式仍然有着差距。所以,君子总是根据不同人的情况采取不同的办法治理,只要他能改正错误实行中庸之道就行。

"一个人做到忠恕,离道也就不远了。所谓忠恕就是自己不愿意别人施加给自己的,也不要施加给别人。

"君子的道有四项,我孔丘连其中的一项也没有能够做到:作为一个儿子应该对父亲做到的'孝',我未能做到;作为一个臣民应该对君主做到的'忠',我未能做到;作为一个弟弟应该对兄长做到的'敬',我未能做到;作为一个朋友应该先做到的'信',我未能做到。平常的德行努力去实践;平常的言谈则尽量谨慎;德行的践行有不足的地方,不敢不勤勉地去跟进;如有做得好的地方,在言谈时却不敢放肆而把话说尽。言语要顾到自己的行为,行为也要顾到自己的言语,这样的君子怎么会是不忠厚笃实呢!"

【解析】

本章引孔子之言,明确指出"道不远人",道就在我们身边,不要以为道是那么高深莫测而"务为高远难行之事"。

孔子提出"以人治人",朱熹解释道:"即以其人之道,还治其人之身",指的是推己及人,将心比心,"己欲立而立人,己欲达而达人"(自己想要在社会上立足也要让别人在社会上立足,自己想要事事通达也要让别人事事通达),"己所不欲,勿施于人"(自己所不想要的东西,不要强加在别人身上),以仁爱责己,以忠恕待人。也就是张载所说"以爱己之心爱人则尽仁"(以爱己之心来爱人就能践行仁爱之德)。

道虽切近,就在我们身边,但又非轻而易举、不费力而能获致。孔子自谓父子、君臣、兄弟、朋友之道,他也未能完全履行。因而平常谨言慎行,时常以此自责而自修。这也就是张载所说"以责人之心责己则尽道"(以责人之心来责己就能践行修身之道)。

【记诵】

道不远人。

忠恕违道不远,施诸己而不愿,亦勿施于人。

庸德之行,庸言之谨,有所不足,不敢不勉,有馀不敢尽。

言顾行,行顾言,君子胡不慥慥尔!

第十四章　君子素其位而行

君子素其位而行①,不愿乎其外②。

素富贵,行乎富贵;素贫贱,行乎贫贱;素夷狄③,行乎夷狄;素患难,行乎患难。君子无入而不自得焉④。

在上位,不陵下⑤;在下位,不援上⑥。正己而不求于人则无怨。上不怨天,下不尤人⑦。故君子居易以俟命⑧,小人行险以徼幸⑨。

子曰:"射有似乎君子⑩,失诸正鹄⑪,反求诸其身。"

【注释】

①素其位:安处于现在所处的地位。素,现在。②愿:倾慕。

③夷狄:古代称东方部族为夷,北方部族为狄。后"夷狄"一词,

泛指华夏族以外的少数民族,也指中原以外他们所居住的边远地区。④**无入**:无论进入什么地区,处于什么情况。⑤**陵**:欺侮。⑥**援**:攀援,指逢迎巴结,依靠权势往上爬。⑦**尤**:怨恨。⑧**居易**:安居于平素的地位。**俟(sì)命**:等待天命。⑨**徼(jiǎo)幸**:企图获得偶然的成功或意外地摆脱不幸。⑩**射**:指射箭。⑪**正鹄(zhēng gǔ)**:正和鹄,均指箭靶子的中心,画在布上的叫正,画在皮上的叫鹄。

【译文】

君子安处于现在所处的地位去做自己本位的事,不倾慕本位之外的东西。

处于富贵的地位,就做富贵者应做的事;处于贫贱的地位,就做贫贱者应做的事;处于边远地区,就做在边远地区应做的事;处于患难之中,就做在患难之中应做的事。君子无论处于什么情况都能安然自得。

处在上位不欺侮在下位的人,处在下位不巴结在上位的人。端正自己而不苛求别人,这样就不会有什么怨恨了。上不抱怨天,下不抱怨人。所以,君子安于平素的地位而等待天命的到来,小人却铤而走险妄图获得偶然的成功或意外地摆脱不幸。

孔子说:"射箭与君子立身处世有相似之处,射不中箭靶的中心就反省自己,从自己身上找原因。"

【解析】

承上章,本章是子思自陈其自责而自修。

作为君子,无论在什么时候,在什么地方,处在什么地位上,总是从此时、此地、此位的实际出发,"正己而不求于人",凡事"反求诸其身",坚定地走在中正的道路上,秉持"求之有道,得之有命"(追求自己的人生目标自有一定的规律和原则,至于能否达到自有天命存在而不怨天尤人)的做人准则,朝着自己的人生目标做不懈的努力。

孟子说:"爱人不亲,反其仁;治人不治,反其智;礼人不答,反其敬。行有不得者皆反求诸己,其身正而天下归之。"(我爱别人,别人却不亲近我,那就要反省自己仁德修养够不够;管理别人,却管理不好,那就要反省自己智慧能力够不够;礼貌待人,别人却没有相应的反应,那就要反省自己礼貌谦恭够不够。总之任何行为如果没有得到预期的效果,都要反过来从自己身上找原因,自身端正了天下人心就会归向他。)(《孟子·离娄上》)

至于道德卑下的小人,总是倾慕荣利,心存侥幸,企图通过歪门邪道,谋取私利,这是君子所不齿的。

君子素其位而行。

君子无入而不自得焉。在上位,不陵下;在下位,不援上。正己而不求于人则无怨。

上不怨天,下不尤人。

故君子居易以俟命,小人行险以徼幸。

射有似乎君子,失诸正鹄,反求诸其身。

第十五章　行远必自迩，登高必自卑

　　君子之道,辟如行远[①],必自迩[②];辟如登高,必自卑[③]。

　　《诗》曰:"妻子好合,如鼓瑟琴。兄弟既翕,和乐且耽。宜尔室家,乐尔妻帑。"[④]子曰:"父母其顺矣乎!"

【注释】

　　①辟:同"譬"。②迩:近。③卑:低处。④"妻子好合"数句:是《诗经·小雅·常棣》中的句子。全诗写家庭和睦,兄弟友爱。**妻子**,妻与子。**好合**,和睦。**鼓**,弹奏。**翕**(xī),和顺,融洽。**耽**(dān),《诗经》原作"湛",安乐。**帑**(nú),通"孥",儿女。

【译文】

君子实行中庸之道，就像走远路一样，一定是从近处开始；就像登高山一样，一定是从低处起步。

《诗经·小雅·常棣》说："你同妻子儿女感情和睦，就像弹琴鼓瑟一样。你同兄弟关系融洽，和顺而又快乐。你要让你的家庭兄弟和睦，你要让你的妻子儿女幸福。"孔子赞叹说："这样，父母也就称心如意心情舒畅了啊！"

【解析】

君子修道，当如老子所说"千里之行，始于足下"（千里的远行，开始于迈开第一步，并靠双脚一步一步走，最后才能达到千里之远）（《老子·六十四章》），也就是"行远必自迩，登高必自卑"（走远路一定是从近处开始，登高山一定是从低处起步），君子修道，当从近处做起，从小事做起，从今日做起。

《论语·学而》载有子之言："孝弟也者，其为仁之本与！"（孝顺父母敬爱兄长，这就是仁德的根本吧！）儒家认为"孝悌"是仁德的根本。子思引诗，说明培养君子之道可从身边的家庭伦理入手。孝亲意识，既是人类从幼儿时期即可获得的道德观念，也是人们长大后培育并获得各种社会道德的心理基础。因而，君子之道的树立可以而且必须从家庭伦理开始，让幼儿从小就培育起爱心、同情心和感恩之心。

【记诵】

君子之道，辟如行远，必自迩；辟如登高，必自卑。

第十六章　诚之不可掩如此

子曰:"鬼神之为德,其盛矣乎! 视之而弗见,听之而弗闻,体物而不可遗。使天下之人,齐明盛服①,以承祭祀②。洋洋乎③! 如在其上,如在其左右。

"《诗》曰:'神之格思,不可度思,矧可射思。'④夫微之显,诚之不可掩如此夫⑤!"

【注释】

①齐(zhāi):通"斋",斋戒。明:鲜洁。②承:奉,主持。③洋洋(yǎng yǎng):同"养养",忧思的样子。④"神之格思"数句:是《诗经·大雅·抑》中的句子,全诗写一位老臣劝告周王修德守礼,谨言慎行。格,至,来到。思,语气词。度,揣测。矧(shěn),况且。射(yì),通"致",厌倦。⑤掩:掩盖,隐匿。

【译文】

孔子说:"鬼神所造成的功德,那是多么美盛啊!人们看它虽然看不见,听它虽然听不到,但它却体现在万物之中使人无法离开它。它让天下的人都斋戒沐浴穿着鲜洁的服装,去举行祭祀。人们无比警戒忧思啊!它好像就在你的头上,好像就在你左右。

"《诗经·大雅·抑》说:'神的降临啊,是不可预测的,怎么能够厌倦不敬呢?'从鬼神般的隐微之处出发而造成显著的功德,真诚专一的心就是这样不可掩盖啊!"

【解析】

孔子对鬼神的态度,总的来说是"敬而远之"(恭敬严肃地祭祀鬼神但又保持距离而不迷信依赖鬼神)。为什么要"远之"呢?因为孔子并不相信灵魂不灭,并不相信鬼神的存在,所以他"不语怪力乱神"(不谈论怪异、暴力、动乱、鬼神)(《论语·述而》)。但为什么又"敬之"呢?因为人世上有许多未知的事物,有许多现今还不能加以解释的现象,有许多被认为是神秘甚至诡异的东西,于是,统统说成是"鬼神"所为。本章孔子所说的"鬼神",就是用来说明"道"的功效的神奇、微妙和无所不在,它既广大又微妙。只要守道虔诚,总能彰显其功。

这一章有承上启下作用。朱熹说："此前三章，以其费之小者而言。此后三章，以其费之大者而言。此一章，兼费隐、包大小而言。"（此前三章，是说道的精微。此后三章，是说道的广大。此一章，兼言道的广大和精微。）费即广大，隐即微小。

【记诵】

夫微之显，诚之不可掩如此夫！

第十七章　大德者必受命

子曰:"舜其大孝也与? 德为圣人,尊为天子,富有四海之内。宗庙飨之^①,子孙保之。故大德必得其位,必得其禄,必得其名,必得其寿。故天之生物,必因其材而笃焉^②。故栽者培之,倾者覆之。

"《诗》曰:'嘉乐君子,宪宪令德。宜民宜人,受禄于天。保佑命之,自天申之。'^③故大德者必受命。"

【注释】

①宗庙:古代天子、诸侯祭祀祖先的地方。飨(xiǎng):通"享",指祭祀时陈列奉献祭品,也指鬼神享用祭品。②材:资质,才能。笃:厚。③"嘉乐君子"数句:是《诗经·大雅·假乐》中的句子,全诗歌颂周王用贤安民,受人拥戴。嘉乐,《诗经》作"假乐","假"通"嘉"。嘉乐,赞美喜爱。宪宪,《诗经》作"显显",明

盛显著的样子。令,美好。佑,《诗经》作"右"。申,重复,一再。

【译文】

孔子说:"舜帝可以说是个最孝顺的人了吧? 在德行上他是圣人,在地位上他是尊贵的天子,在财富上他拥有整个天下。宗庙里祭祀时陈列奉献祭品供他享用,子子孙孙都保持他的功业永保祭祀不断。所以,有大德的人必定得到他应得的尊贵地位,必定得到他应得的丰厚财富,必定得到他应得的美好名声,必定得到他应得的永年高寿。所以上天生养万物,必定根据它们的资质而厚待它们。能栽培成材的就得到培育生长,歪斜不能成材的就让它倒伏灭亡。

"《诗经·大雅·假乐》说:'我赞美喜好那高尚优雅的君子,他有光明美好的德行。他让人民安居乐业,享受上天赐予的福禄。上天保佑他所承受的天命,让他永远享受上天所赐的福禄。'所以,有大德的人必定会承受天命。"

【解析】

这一章引孔子之言,以舜之大德为典型,说明道用之广大。舜以纯孝成名,具圣人之德,故能受尧禅让,"尊为天子,富有四海之内"。他"得位","得禄","得名","得寿"。舜的事迹,证明了"大德者必受命"。此论断一方面表明了道用之广大，另一方面也表达了"圣贤政治观"：只有圣贤才能受天命，换句话说，受天命者必须是圣贤。孟子说："惟仁者宜在高位。"(《孟子·离娄上》)这种观念对无德的暴君是一种批判，对君主世袭制观念也是一种有力的冲击。

【记诵】

大德必得其位，必得其禄，必得其名，必得其寿。

天之生物，必因其材而笃焉。故栽者培之，倾者覆之。

大德者必受命。

第十八章　无忧者其惟文王乎

子曰:"无忧者其惟文王乎①! 以王季为父②,以武王为子③,父作之④,子述之⑤。武王缵大王⑥、王季、文王之绪⑦,壹戎衣而有天下⑧,身不失天下之显名,尊为天子,富有四海之内,宗庙飨之,子孙保之。

"武王末受命⑨,周公成文武之德⑩,追王大王、王季⑪,上祀先公以天子之礼。斯礼也,达乎诸侯大夫⑫,及士庶人⑬。父为大夫,子为士,葬以大夫,祭以士;父为士,子为大夫,葬以士,祭以大夫。期之丧达乎大夫⑭,三年之丧达乎天子。父母之丧,无贵贱,一也。"

【注释】

①**文王**：指周文王姬昌，商末周族的首领，继承其父称号，号称"西伯"，晚年自号为"文王"。在位五十年，国势日强，为后来其子武王姬发伐纣灭商，奠定了基础。②**王季**：名季历，周太王古公亶父之子，文王之父。周太王卒，季历嗣立，后被商王文丁杀死，其子姬昌（即文王）继位。武王灭商后，追尊季历为王季。③**武王**：文王之子姬发。他继承文王遗志伐纣灭商，建立周王朝，建都于镐（在今陕西西安市）。④**作**：开创，创始。⑤**述**：循，继承。⑥**缵**（zuǎn）：继承。**大王**：即王季之父古公亶父。"大"古读"太"。⑦**绪**：事业。⑧**壹戎衣**：朱熹说："言一着戎衣以伐纣也。"**戎衣**，甲胄一类的战衣。一说，壹戎衣，即歼灭大殷。**壹**，同"殪（yì）"，歼灭。**戎**，大。**衣**，"殷"之误读。⑨**末**：指周武王的晚年。⑩**周公**：西周初年的政治家姬旦，武王之弟，因采邑在周地（今陕西岐山北），故又称"周公"。周公曾帮助武王灭纣，武王卒时，其子成王尚幼，于是周公摄理朝政。他的兄弟管叔、蔡叔、霍叔等人不服，与纣王之子武庚及东方夷族联合反叛，周公出师东征，平定了叛乱。东征之后，周公大规模地分封诸侯，并营建东都洛邑（在今河南洛阳），还制礼作乐，建立典章制度。⑪**王**（wàng）：动词，这里是追尊为王的意思。⑫**达**：到，至。**诸侯**：指西周、春秋时天子分封的各诸侯国国君。**大夫**：周代，在周王朝及各诸侯国，官职分卿、大夫、士三级。⑬**及**：推及。**士**：是西周、春秋初期级别最低的贵族阶层。春秋时，"士"多为卿、大夫的家

臣。**庶人**:先秦时期对农业生产者的称谓,其地位次于"士"而高于"工商皂隶",秦汉以后才泛指无官职的平民。⑭**期(jī)**:指一整年。**丧**:丧礼,指处理死者殓殡祭奠等丧事的礼仪。

【译文】

孔子说:"古来帝王无忧的大概只有周文王吧! 因为他有王季做父亲,有武王做儿子,父亲王季为他开创了基业,儿子武王继承了他的遗志,完成了他所没有完成的事业。武王继承了太王、王季和文王的未竟功业,穿上战衣兴兵灭掉了殷,取得了天下。周武王本是以下伐上但不仅未失掉天下显赫的美名,反而被天下人尊为天子,普天下都是他的财富,世世代代在宗庙中享受祭祀,子子孙孙永保祭祀不断。

"周武王直到晚年才受上天之命而为天子(在位仅两年),因此他也有许多没有完成的事业。武王死后,周公辅助成王才完成了文王和武王的功业,追尊太王、王季为王,用天子的礼节来追祭祖先,并且把这种礼节一直用到诸侯、大夫以及士和庶人中间。(周公制定的礼节规定:)如果父亲是大夫,儿子是士的,当父亲亡故时,那就必须以大夫的礼节来安葬他,在祭祀时儿子只能用士的礼节。父亲是士,儿子是大夫的,当父亲亡故时,那就必须以士的礼节来安葬他,在祭祀时,儿子用大夫的礼节。为期一年的丧礼,只能在大夫中使用,为期三年的丧礼,就只有天子才能使用。至于举办父母的丧礼行礼致哀,没有贵贱之分,天子、庶人都是一样的。"

【解析】

这一章引孔子之言,以周文王、周武王、周公为典型,继续说明道用之广大。

武王伐纣,以周代殷,这是上古史上一件惊天动地的大事。此一大事,文王奠其基,武王建其功,周公助其成。殷周之际,不但有此政治上的大变动,在思想观念上也是巨大的变革。王国维说:"中国政治与文化变革,莫剧于殷周之际。"(《殷周制度论》)殷人尊天事鬼,如按旧的天命观,武王伐纣,是以下犯上,大逆不道。但周人敬德保民,认为伐纣之举是"顺天应人"。周人尚德,就是重道,并以伐纣灭殷之大业证明了道用之广大,足以用来建立旷世之伟业。

武王死后,周公辅佐成王,东征平叛,分封诸侯,制礼作乐,天下大治,又一次证明了道用之广大。

【记诵】

无忧者其惟文王乎!
父作之,子述之。

第十九章　夫孝者，善继人之志，善述人之事

子曰："武王周公其达孝矣乎！夫孝者，善继人之志，善述人之事者也。春秋^①，修其祖庙，陈其宗器^②，设其裳衣，荐其时食^③。

"宗庙之礼，所以序昭穆也^④；序爵，所以辨贵贱也；序事，所以辨贤也；旅酬下为上^⑤，所以逮贱也^⑥；燕毛^⑦，所以序齿也^⑧。

"践其位，行其礼，奏其乐，敬其所尊，爱其所亲，事死如事生，事亡如事存，孝之至也。

"郊社之礼^⑨，所以事上帝也；宗庙之礼，所以祀乎其先也。明乎郊社之礼，禘尝之义^⑩，治国其如示诸掌乎^⑪！"

【注释】

①**春秋**：四季的代称，这里指四季祭祖的时节。②**宗器**：古代宗庙祭祀时所用的器物。③**荐**：进献。**时食**：指祭祖时所进献的时鲜食品。④**昭穆**：按照宗法制度，宗庙神主牌位排列的次序有一定规定，始祖庙居中，以下父子（祖、父）递为昭穆，左为昭，右为穆。在这里指祭祀的时候，可以排列出父子、长幼、亲疏的次序。⑤**旅**：众。**酬**：以酒相劝为酬。⑥**逮**：及。⑦**燕毛**：指祭祀完毕举行宴饮时，以头发的颜色来区别老少长幼，安排宴会的座次。**燕**，同"宴"，宴会。**毛**，头发。⑧**齿**，年龄。⑨**郊社**：周代于冬至时，在南郊举行祭天仪式，称之为"郊"；夏至时，在北郊举行祭地仪式，称之为"社"。⑩**禘（dì）**：是宗庙四时祭祀之一，每年夏季举行。**尝**：也是四时祭祀之一，在秋季举行。⑪**示诸掌**：察看放在手掌上的东西，意思是容易看清楚。**示**，同"视"。

【译文】

孔子说："周武王和周公，他们可以算是达到了孝的最高境界吧！所谓孝的最高境界，就是要（像周武王和周公那样）善于继承前人的遗志，善于完成前人所未完成的事业。每逢四时祭祀宗庙的时节，及时整修祖庙，陈列祭祀要用的祭器，摆设先王遗留下来的衣裳，进献时鲜食品。

"举行宗庙的祭祀典礼，就是要把父子、长幼、亲疏的次序排列出来;排列出官职爵位次序,就是要将贵贱分辨清楚;排列祭祀时各执事的次序,就是要将才能的高低分辨清楚;在众人劝酒时晚辈为长辈举杯,就是要将爱抚之情延伸到地位低下之人;以头发的颜色来决定宴席的座次,就是要使长幼秩序井然。

"站立在先前排定的位置上,行祭祀之礼,奏祭祀之乐,尊敬那些理应尊敬的人,爱护那些理应亲近的人,侍奉死去的人就像侍奉活着的人一样,侍奉亡故的人就像侍奉生存着的人一样,这就是孝的最高境界。

"制定祭祀天地之礼,就是用来侍奉上帝;制定宗庙祭祀之礼,就是用来祭祀祖先。明白了郊社之礼和夏祭秋祭的意义,那么治理天下国家的道理,也就像看着自己手掌上的东西那样清楚明白啊!"

【解析】

这一章引孔子之言,以武王、周公之达孝为典型,继续说明道用之广大。

周公制礼作乐,是围绕着宗法制进行的。在当时,实行分封制、宗法制,对巩固王权,促进统一,维护社会稳定,恢复和发展生产,具有进步意义和积极作用。而周公的制礼作乐,则是围绕着宗法制,建立起一系列的社会、政治制度,以及与之适应的一系列的道德伦理规范和文化教育制度。这是当时社会进一步走向文明的重要标志。

【记诵】

夫孝者，善继人之志，善述人之事者也。

第二十章　哀公问政（从容中道，圣人也）

哀公问政①。

子曰："文武之政②，布在方策③。其人存④，则其政举；其人亡，则其政息。人道敏政⑤，地道敏树。夫政也者，蒲卢也⑥。

"故为政在人，取人以身，修身以道，修道以仁。仁者，人也，亲亲为大。义者，宜也，尊贤为大。亲亲之杀⑦，尊贤之等，礼所生也。

"在下位不获乎上，民不可得而治矣。故君子不可以不修身。思修身，不可以不事亲；思事亲，不可以不知人；思知人，不可以不知天。

"天下之达道五，所以行之者三。曰君臣也，父子也，夫妇也，昆弟也⑧，朋友之交也，五者，天下之达道也。知、仁、勇三者，天下之达德也，所以行之者一也。

"或生而知之，或学而知之，或困而知之，及其知之一也。或安而行之，或利而行之，或勉强而行之，及其成功一也。"

子曰："好学近乎知，力行近乎仁，知耻近乎勇。知斯三者，则知所以修身；知所以修身，则知所以治人；知所以治人，则知所以治天下国家矣。

"凡为天下国家有九经⑨，曰：修身也，尊贤也，亲亲也，敬大臣也，体群臣也⑩，子庶民也⑪，来百工也⑫，柔远人也⑬，怀诸侯也⑭。

"修身则道立，尊贤则不惑，亲亲则诸父昆弟不怨，敬大臣则不眩⑮，体群臣则士之报礼重，子庶民则百姓劝⑯，来百工则财用足，柔远人则四方归之，怀诸侯则天下畏之。

"齐明盛服，非礼不动，所以修身也；去谗远色，贱货而贵德，所以劝贤也；尊其位，重其禄，同其好恶，所以劝亲亲也；官盛任使⑰，所以劝大臣也；忠信重禄，所以劝士也；时使薄敛⑱，所以劝百姓也；日省月试⑲，既禀称事⑳，所以劝百工也；送往迎来，嘉善而矜不能㉑，所以柔远人也；继绝世㉒，举废国㉓，治乱持危，朝聘以时㉔，厚往而薄来㉕，所以怀诸侯也。凡为天下国家有九经，所以行之者一也。

"凡事豫则立㉖，不豫则废。言前定则不跲㉗，事前定则不困，行前定则不疚，道前定则不穷。

"在下位不获乎上，民不可得而治矣。获乎上有道，不信乎朋友，不获乎上矣。信乎朋友有道，不顺乎亲，不信乎朋友矣。顺乎亲有道，反诸身不诚，不顺乎亲矣。诚身有道，不明乎善，不诚乎身矣。

"诚者，天之道也；诚之者㉘，人之道也。诚者，不勉而中，不思而得，从容中道，圣人也。诚之者，择善而固执之者也：博学之，审问之，慎思之，明辨之，笃行之。有弗学，学之弗能弗措也㉙；有弗问，问之弗知弗措也；有弗思，思之弗得弗措也；有弗辨，辨之弗明弗措也；有弗行，行之弗笃弗措也。人一能之，己百之；人十能之，己千之。果能此道矣，虽愚必明，虽柔必强。"

①哀公:春秋时鲁国国君,姓姬,名蒋,在位二十七年,"哀"是谥号。②文武:周文王、周武王。③布:陈述。方策:典籍。方,书写用的木板。策,同"册",书写用的竹简。④其人:指像文王、武王那样的人。⑤敏:勉,勤奋,努力。⑥蒲卢:即芦苇。芦苇柔韧,生长迅速。⑦杀(shài):减省,等差。⑧昆弟:兄弟。⑨九经:九条常道。经,常道,常规,准则。⑩体:体恤,关怀。⑪子:爱。庶民:平民。⑫来:招来。百工:各种工匠。⑬柔:怀柔,安抚。远人:边远地方来的人。⑭怀:安抚。⑮眩(xuàn):迷惑。⑯劝:勉力,努力。⑰官盛:官属众多。任使:听从差使。⑱时使:按季节让百姓服役,不误农时。薄敛:减轻赋税。⑲省:视察。试:考核。⑳既禀(xì lǐn):即"饩禀"或"饩廪",是古代官府按月发给官员的粮食,也泛指薪俸。称:符合。㉑矜:怜悯,同情。㉒绝世:指中断了世禄的卿大夫家族。㉓废国:指已经没落覆灭的邦国。㉔朝聘:诸侯定期朝见天子。每年一见叫小聘,三年一见叫大聘,五年一见叫朝聘。㉕厚往:指给予诸侯的赏赐丰富。薄来:指收取诸侯的贡礼微薄。㉖豫:同"预"。㉗跲(jiá):说话窒碍,不通畅。㉘诚之者:仿效天道之诚。㉙措:放置,罢休。

【译文】

鲁哀公问怎样管理政事。

孔子回答说："周文王、周武王的政事都记载在典籍上。今天如果像文王、武王那样的人在世,这些政事就能实施;今天如果没有像文王、武王那样的人在世,这些政事也就息灭了。治理人的正道是勤于政事,治理地的正道是勤种庄稼。说起来,管理政事就像芦苇一样,执政者坚守正道,天下和国家就会不断往上蓬勃发展。

　　"因此,管理政事完全取决于用什么人来管理。要得到适用的人在于执政者修养自己,执政者修养自己在于遵循大道,遵循大道要从仁义做起。仁就是爱人,亲爱自己的亲人是最根本的仁。义就是事事做得适宜,尊重贤人是最重要的义。至于说亲爱亲人要分亲疏,尊重贤人要有等级,这都是礼的要求。

　　"处在下位的人如果不能得到在上位者的支持,民众就不可能治理好。所以,君子不能不修养自己。要修养自己,不能不侍奉亲人;要侍奉亲人,不能不了解他人;要了解他人,不能不知道天理。

　　"天下人普遍的伦常关系有五项,用来处理这五项伦常关系的德行有三种。君臣、父子、夫妇、兄弟、朋友之间的交往,这五项是天下人普遍的伦常关系。智、仁、勇这三种道德,是天下人用来处理这五项伦常关系的德行,至于这三种德行的实施,道理都是一样的。

"比如说,有的人生来就知道它们,有的人通过学习才知道它们,有的人要遇到困难受到挫折后才知道它们,但他们最终都一样地知道了。又比如说,有的人自觉自愿地去实行它们,有的人为了某种好处才去实行它们,有的人勉勉强强地去实行,但他们最终都一样地实行起来了。"

孔子说:"喜欢学习就接近了智,努力实行就接近了仁,知道羞耻就接近了勇。知道这三点,就知道怎样修养自己;知道怎样修养自己,就知道怎样管理他人;知道怎样管理他人,就知道怎样治理天下和国家了。

"大凡治理天下和国家有九条常道,那就是:修养自身,尊重贤人,亲爱亲人,礼敬大臣,体恤群臣,爱民如子,招纳工匠,优待远客,安抚诸侯。

"修养自身就能确立正道,尊重贤人就不会思想困惑,亲爱亲人就不会惹得叔伯兄弟怨恨,礼敬大臣就不会迷惑不定举止失措,体恤群臣士人们就会竭力报效,爱民如子老百姓就会勤于王事,招纳工匠财物就会充足,优待远客四方百姓就会归顺,安抚诸侯天下的人都会敬畏了。

"像斋戒那样净心虔诚穿着光鲜的服装,不符合礼的事坚决不做,这是为了修养自身;摒弃谗言并疏远女色,看轻财物而重视德行,这是为了鼓励贤人;尊崇亲人的地位,提高亲人的俸禄,与他们爱憎相一致,这是为了鼓励亲人;使官属众多并听从差使，这是为了鼓励大臣；真心诚意地任用群臣并给他们以较多的俸禄，这是为了鼓励士人；征发民众服役不误农时，减轻赋税，这是为了鼓励百姓；天天视察工作月月考核技术，所发粮米薪资符合他们的工效，这是为了鼓励工匠；去时欢送，来时欢迎，嘉奖有才能的人，同情并救济有困难的人，这是为了安抚和招来远客；延续中断了世禄的卿大夫的家族，复兴没落覆灭了的国家，治理祸乱扶持危难，按时接受朝见，赏赐丰厚而收取贡礼微薄，这是为了安抚诸侯。总而言之，治理天下和国家有九条常道，但实行这些常道的道理都是一样的。

"任何事情，事先有预备就会成功，没有预备就会失败。说话先有预备就不会结结巴巴，做事先有预备就不会遇阻受挫，行为先有预备就不会产生后悔，道路预先选定就不会走投无路。

"处在下位的人如果不能得到在上位者的支持，民众就不可能治理好。得到在上位者的信任有办法，得不到朋友的信任就得不到在上位者的信任。得到朋友的信任有办法，不孝顺父母就得不到朋友的信任。孝顺父母有办法，自己不真诚就不能孝顺父母。使自己真诚有办法，不明白什么是善就不能够使自己真诚。

"真诚是上天的原则，追求真诚是做人的原则。天生真诚的人，不用勉强就能做到，不用思考就能拥有，从容不迫地走在中庸的大道上,这样的人就是圣人。努力做到真诚,就要选择'善'并执着地追求:广博地学习,详细地询问,周密地思考,明确地分辨,切实地实行。要么不学,学了没有学会绝不罢休;要么不问,问了没有懂得绝不罢休;要么不想,想了没有想通绝不罢休;要么不分辨,分辨了没有明确绝不罢休;要么不实行,实行了没有成效绝不罢休。别人用一分努力就能做到的,我用一百分的努力去做;别人用十分的努力做到的,我用一千分的努力去做。如果真能够做到这样,虽然愚笨也一定可以聪明起来,虽然柔弱也一定可以刚强起来。"

【解析】

这是《中庸》最长的一章,也是内容最为丰富意义最为重大的一章。

这一章承上各章,说明中庸之道已明确体现在文王、武王的有关典籍中,只要执政者"择善固执"(真诚地选择"善"并执着地追求),就能做到"人存政举"(像文王、武王那样的人如果在世,这些政事就能实施)。这一章又特重"诚"字,从而开启以下各章。从此章以下,都围绕着一个"诚"字展开。

本章开头,以"哀公问政"引出孔子的回答。孔子高度重视"人"的因素,认为"为政在人",要治理好天下国家,关键在执政者本人的素质。因而执政者本人应以修身为本,坚守"君臣、父子、夫妇、昆弟、朋友"之间伦理道德之"五达道",坚行"知仁勇"之"三达德"。至于治理天下国家的常道,则有"九经",即修身,尊贤,亲亲,敬大臣,体群臣,子庶民,来百工,柔远人,怀诸侯。这是治理天下国家的九条原则,实际上是说执政者应当遵循中庸之道,去修身、齐家、治国、平天下。

这些为政措施都要预先规划。孔子谆谆告诫人们:"凡事豫则立,不豫则废。"为政要有明确的目标,长远的规划,要预先制订出切实可行的措施。

至于如何修身,孔子最看重的是"诚"。孔子论"诚",实际上是论人的信仰和追求,也就是对中庸之道的信仰和追求。

孔子认为,"诚"是"天之道"。人当以"人之诚"效法"天之诚",这是"人之道"。所谓"人之诚",就是真诚无妄,专一不二,恪守中道,谨言慎行。人如能保持"从容中道"的本性,就是"善",就与天道相符合,达到"天人合一"。人一旦认定了"善"的目标或理想,就要一心一意全力以赴去追求,这就叫作"择善而固执"。

关于"人之诚",北宋周敦颐说:"诚之之道,在乎信道笃。信道笃,则行之果。行之果,则守之固。仁义忠信不离乎心,造次必于是,颠沛必于是,出处语默必于是,则居之安,动容周旋中礼,而邪僻之心无自生矣。"(仿效天道之诚,在于信道笃诚。信道笃诚,行道就果敢。行道果敢,守道就坚固。仁义忠信一刻也不离开心中,仓促之间一定把握住它,颠沛流离之时一定把握住它,或出或处或默或语也一定把握住它,居止就会安定,动作容貌和应对进退就会合乎礼仪,那么乖谬不正之心就无从产生了。)(江永《近思录集注·卷二》)

至于如何"择善",孔子认为要"博学之,审问之,慎思之,明辨之,笃行之",在博学、审问、慎思、明辨的基础上,明确认定了"善"的目标或理想,然后"笃行之",诚心去追求,力求它的实现。

北宋程颐说:"博学之,审问之,慎思之,明辨之,笃行之,五者废其一,非学也。"他认为五者同样重要,不可偏废。关于学、问、思、辨、行之序,朱熹说:"学之博,有以备事物之理,故能参伍之以得所疑而有问;问之审,然后有以尽师友之情,故能反复之以发其端而可思;思之谨,则精而不杂,故能有所自得,而可以施其辨;辨之明,则断而不差,故能无所疑惑,而可以见于行;行之笃,则凡所学、问、思、辨而得之者,又皆必践其实,而不为空言矣:此五者之序也。"(学习得广博,才有可能全面了解事物之理,从而能在综合比较之中提出疑问;询问得详细,才有可能充分发挥师友互相切磋的功效,从而反复穷究事理而引发自己的思考;思考得周密,认识事理就精深而不杂,从而能有所得,能对事理进行分辨;分辨得明确,就能分清是非而无所疑惑,就可以践行;践行得切实,凡是所学、问、思、辨

而得来的事理,都能切实地践行,就不会只是空言虚语不切实际无益于世;这就是五者的次序。)(江永《近思录集注·卷二》)

在上述学、问、思、辨、行五者之中,宋代理学家十分重视"疑"或"问"。北宋程颐说:"学者先要会疑。"(求学的人首先要学会提出疑问。)朱熹解释道:"书始读,未知有疑。其次渐有疑。又其次节节有疑。过此一番后,疑渐渐释,以致融会贯通,都无可疑,方始是学。"(开始读书时,不知道有疑问。接着读下去,逐渐有了疑问。再接着读下去,处处都有疑问。经过一番问询思考之后,疑问渐渐得到解释,以致融会贯通,全都没有疑惑之处,这才叫作"学"。)朱熹又说:"读书无疑者,须教有疑,有疑者,却要无疑,到这里方是长进。"(读书在没有疑问的时候,一定要尽力提出疑问,而在有疑问的时候,却又要尽力通过问询思考去解惑释疑,求学达到这一步才算是有长进。)(江永《近思录集注·卷三》)

以上九章是全篇的第二部分,重点论"道",说明"道不远人",中庸之道的运用,既广大又精微。

【记诵】

文武之政,布在方策。其人存,则其政举;其人亡,则其政息。

人道敏政，地道敏树。

仁者，人也，亲亲为大。义者，宜也，尊贤为大。

君臣也，父子也，夫妇也，昆弟也，朋友之交也；五者，天下之达道也。

知、仁、勇三者，天下之达德也，所以行之者一也。

好学近乎知，力行近乎仁，知耻近乎勇。

凡为天下国家有九经，曰：修身也，尊贤也，亲亲也，敬大臣也，体群臣也，子庶民也，来百工也，柔远人也，怀诸侯也。

凡事豫则立，不豫则废。

诚者，天之道也；诚之者，人之道也。

诚者，不勉而中，不思而得，从容中道，圣人也。诚之者，择善而固执之者也：博学之，审问之，慎思之，明辨之，笃行之。

人一能之，己百之；人十能之，己千之。果能此道矣，虽愚必明，虽柔必强。

第二十一章　诚则明，明则诚

　　自诚明,谓之性①;自明诚,谓之教②。诚则明矣,明则诚矣。

【注释】

①性:天赋的本性。②教:后天人为的教化。

【译文】

　　由于内心真诚而自然明白道理,这叫作天赋的本性;由明白道理后做到真诚,这叫作后天人为的教化。内心真诚也就会自然明白道理,明白道理后也就会做到内心真诚。

【解析】

　　自此章以下,是子思承上章孔子论"诚"之言,而加以阐释发挥。

　　子思认为，圣人内心诚实而领会了中庸之道，明确了事理，这是他先天具有的本性。一般人通过学习领会了中庸之道，明确了事理，这是后天教育的结果。

　　就一个人来说，内心诚实与明确事理两者又是相互为用的。内心诚实就可以日渐明确事理，而日渐明确事理又可使内心日益诚实。

　　可知偏执绝非真正的信仰，而信仰也绝非愚昧的盲从。

　　关于"自明诚"，北宋周敦颐说："学之道，必先明诸心，知所往，然后力行以求至，所谓自明而诚也。"（求学之道，一定要首先心中明白，知道自己的信仰和追求是什么，然后努力践行以求达到，这就是所谓"自明而诚"的意思。）朱熹解释道："明诸心，知所往，穷理之事也；力行求至，践覆之事也。"（心中明白，知道自己的信仰和追求是什么，这是穷究其理的事；努力践行以求达到，这是身体力行的事。）（江永《近思录集注·卷二》）他们都认为，"明理"是首要的，但也不能忽视"力行"。对待信仰和追求，应当知行合一。

　　北宋张载说："儒者则因明致诚，因诚致明，故天人合一。致学而可以成圣，得天而未始遗人。"（儒者由明白道理然后做到内心真诚，又由内心真诚然后自然明白道理，所以天人合而为一。通过后天勤学然后可以达致圣人境界，但达致圣人境界也未可放弃后天人为的努力。)(《正蒙·乾称篇》)他又说："性与天道合一存乎诚。"(人性与天道合而为一就是植根于"诚"。)(《正蒙·诚明篇》)他认为,对"道"的信仰和追求,就是天人合一的体现。

【记诵】

自诚明,谓之性;自明诚,谓之教。

诚则明矣,明则诚矣。

第二十二章　至诚可以与天地参

　　唯天下至诚,为能尽其性^①;能尽其性,则能尽人之性;能尽人之性,则能尽物之性;能尽物之性,则可以赞天地之化育^②;可以赞天地之化育,则可以与天地参矣^③。

【注释】

　　①尽其性:充分发挥本性。②赞:帮助。化育:化生和养育。③与天地参:与天地并列为三。参,并列。

【译文】

　　只有天下最真诚的圣人能充分发挥天赋的本性;能充分发挥天赋的本性,就能充分发挥众人的本性;能充分发挥众人的本性,就能充分发挥万物的本性;能充分发挥万物的本性,就可以帮助天地化育万物;能帮助天地化育万物,就可以与天地并列为三了。

【解析】

子思认为,只有天下至诚的圣人,最能发挥其天性,做到真诚无妄,从容中道,择善固执,遵道而行。他们也能让天下之人都发挥其本然的善性,从而使天下之物也能发挥其本然的善性,使天下万物顺利生长、蓬勃发展。这样一来,人就可以参与天地的化育,人与天地就可以并列为三了。也就是说,"人"取得了与"天地"并立的崇高地位。

【记诵】

唯天下至诚,为能尽其性;能尽其性,则能尽人之性;能尽人之性,则能尽物之性;能尽物之性,则可以赞天地之化育;可以赞天地之化育,则可以与天地参矣。

第二十三章　唯天下至诚为能化

其次致曲①，曲能有诚。诚则形②，形则著③，著则明④，明则动，动则变，变则化⑤。唯天下至诚为能化。

【注释】

①**其次**：指比"天下至诚之圣人"次一等的人，也就是贤人。**致曲**：致力于某些局部或细小的事。曲，局部，细小。②**形**：表现。③**著**：显著。④**明**：光明，光大。⑤**化**：化育。

【译文】

比圣人次一等的贤人致力于某些局部或细小的事，致力于这些地方也能做到内心真诚。做到了内心真诚就会表现在一个一个的具体行动上，表现在具体行动上效果就会逐渐显著,效果逐渐显著就会不断发扬光大,不断发扬光大就会感动他人,感动他人就会引起他人的转变,引起他人转变就能化育万物。只有天下最真诚的人才能化育万物。

【解析】

至于那些次于圣人的贤人,可以通过一次又一次地学习和研究一个又一个具体而微的事物,领会真诚无妄的天道,从少到多,由小至大,自近及远,持之以恒,不断感动人心,同行中道,同样可以参与天地的化育。

孟子十分重视"反身而诚"的"至诚",他说:"万物皆备于我矣。反身而诚,乐莫大焉。强恕而行,求仁莫近焉。"(一切善性在我身上本来都是具备的。反省自己对信仰的追求已经做到了完全的真诚,就是最大的快乐。努力践行推己及人的恕道,达到仁德的道路没有比这更直接的了。)(《孟子·尽心上》)

【记诵】

唯天下至诚为能化。

第二十四章　至诚之道，可以前知

　　至诚之道，可以前知①。国家将兴，必有祯祥②；国家将亡，必有妖孽③。见乎蓍龟④，动乎四体⑤。祸福将至，善，必先知之，不善，必先知之。故至诚如神⑥。

【注释】

　　①前知：预知未来。②祯祥：吉祥的预兆。③妖孽：指物类反常的现象，古人认为是不祥之兆。④见(xiàn)：呈现。蓍(shī)龟：蓍草和龟甲，古人用来占卜，预测吉凶。⑤四体：四肢，指举止仪态。⑥如神：像神一样神奇微妙。

【译文】

　　坚守极端真诚的中道，就可以预知未来的事。国家将要兴旺,一定会有吉祥的征兆;国家将要衰亡,一定会有不祥的反常现象。这些预兆还显现在用蓍草龟甲的占卜上,表现在人的举止仪态上。祸福将要来临时,是福一定可以预先知道,是祸也一定可以预先知道。所以极端真诚就像神灵一样神奇微妙可以预知未来。

【解析】

朱熹说,这一章讲天道。

为什么掌握了"至诚之道",就可以"前知",就可以预见未来呢? 因为至诚之道就是中庸之道。子思认为,国家的发展如果遵循中庸之道而行,则必兴盛,如果违背中庸之道而行,必然会出现种种奇怪现象、非常现象,最后导致国家灭亡。这种"至诚之道"(也就是中庸之道),像一块试金石,用来观察现实、掌握国家走向是十分灵验的。

【记诵】

至诚之道,可以前知。

国家将兴,必有祯祥;国家将亡,必有妖孽。

祸福将至,善,必先知之,不善,必先知之。故至诚如神。

第二十五章　君子诚之为贵

诚者,自成也①;而道,自道也②。诚者,物之终始,不诚无物。是故君子诚之为贵。诚者,非自成己而已也,所以成物也。成己,仁也;成物,知也。性之德也,合外内之道也,故时措之宜也③。

【注释】

①自成:自我成全,自我完善。②自道(dǎo):自我引导。③措:施行。

【译文】

真诚,是成全自我、完善道德的重要准则;而大道,则是引导自我走向道德完善的道路。真诚既是万物的发端也是万物的归宿,没有真诚就没有万物。因此君子以真诚为贵。不过,真诚并不是自我完善就够了，而是还要完善万物。自我完善是"仁"，完善万物是"智"。"仁"和"智"是出于人的本性中固有的美德，是融合自身与外物既"成己"又"成物"的普遍准则，所以任何时候施行都是适宜的。

【解析】

朱熹说，这一章讲人道。

真诚无妄的"诚"，是人自己主动修养而形成的品德，中庸之道的"道"，是人自己主动抉择而选定的道路。人们应以"诚"为贵。只有"诚"才能成就自己；只有"诚"才能发展万物。能"成己"，叫作"仁"；能"成物"，叫作"智"。这些都应是人本性中固有的东西。把向内以"成己"的"仁"与向外以"成物"的"智"结合起来，就是人生的正道，那是"放之四海而皆准"的普遍真理。

【记诵】

诚者，自成也；而道，自道也。诚者，物之终始，不诚无物。是故君子诚之为贵。

诚者，非自成己而已也，所以成物也。

成己，仁也；成物，知也。性之德也，合外内之道也，故时措之宜也。

第二十六章　至诚无息

　　故至诚无息^①，不息则久，久则征^②，征则悠远，悠远则博厚，博厚则高明。博厚，所以载物也；高明，所以覆物也；悠久，所以成物也。博厚配地，高明配天，悠久无疆^③。如此者，不见而章^④，不动而变，无为而成。

　　天地之道，可一言而尽也^⑤：其为物不贰^⑥，则其生物不测。天地之道，博也，厚也，高也，明也，悠也，久也。今夫天，斯昭昭之多^⑦，及其无穷也，日月星辰系焉，万物覆焉。今夫地，一撮土之多，及其广厚，载华岳而不重^⑧，振河海而不泄^⑨，万物载焉。今夫山，一卷石之多^⑩，及其广大，草木生之，禽兽居之，宝藏兴焉。今夫水，一勺之多，及其不测，鼋鼍、蛟龙、鱼鳖生焉⑪,货财殖焉。

《诗》云:"维天之命,於穆不已!"⑫盖曰天之所以为天也。"於乎不显,文王之德之纯!"⑬盖曰文王之所以为文也,纯亦不已。

【注释】

①息:止息。②征:信,指有迹象验证而取信。③无疆:无穷无尽。④见(xiàn):显现。章:即彰,彰明。⑤一言:即一字,指"诚"字。⑥不贰:无二心。诚是忠诚如一,所以不贰。⑦斯:此。昭昭:明亮。⑧华岳:即西岳华山,为五岳之一。⑨振:收容。⑩一卷(quán)石:像一拳头大的石头。卷,通"拳"。⑪鼋(yuán):鼋鱼,大鳖。鼍(tuó):爬行动物,又称"扬子鳄"。蛟(jiāo)龙:古代传说中能发大水、兴风作浪的龙。鳖(biē):爬行动物,形如龟,又称"甲鱼"。⑫"维天之命"二句:是《诗经·周颂·维天之命》中的句子,全诗赞颂文王美德。维,同"惟",想。於(wū),语气词,表赞叹。穆,清淳美好。不已,无穷。⑬"於乎不显"二句:同上诗。於乎,即"呜呼",语气词,表赞叹。不显,即"丕显",大显,光明显赫。

【译文】

因此,极端真诚是没有止息的,没有止息就会保持长久,保持长久就会显露征信,显露征信就会悠远无尽,悠远无尽就会广博深厚,广博深厚就会高大光明。广博深厚,就可以承载万物;高大光明,就可以覆盖万物;悠远无尽,就可以生成万物。广博深厚可以与地相比,高大光明可以与天相比,悠远无尽则是永无止境。像这样,不有意表现也会自然明显,不主动行动也会感人化物,不去有意作为也会有所成就。

天地的法则,可以用一个"诚"字来囊括:诚本身就是忠诚如一绝无二心,而生育万物却形态万千形形色色不可测度。天地的法则,就是广博、深厚、高大、光明、悠远、长久。今天我们所说的天,原只不过是由一点一点的光明聚积起来的,可是等到它无边无际时,日月星辰都靠它维系,大地万物都靠它覆盖。今天我们所说的地,只不过是由一撮土一撮土聚积起来的,可是等到它广博深厚时,承载像华山那样的高山峻岭也不觉得重,容纳那众多的江河湖海也不会泄漏,世间万物都由它承载。今天我们所说的山,只不过是由拳头大的石块聚积起来的,可是等到它高大无比时,草木在其中生长,禽兽在其中居住,宝物在其中储藏。今天我们所说的水,只不过是一勺一勺聚积起来的,可是等到它浩瀚无涯不可估量时,鼋鼍蛟龙鱼鳖等都在里面生长,而各种财货也都从里面繁殖出来。

《诗经·周颂·维天之命》说:"天命是多么清淳美好啊,它永远无穷无尽!"这大概就是说天之所以为天的原因吧。

"文王是多么光明显赫啊,他的品德是如此的纯真无瑕!"这大概就是说文王之所以被称为"文"王的原因吧,纯真无瑕也是永恒而没有止息的。

【解析】

朱熹说,这一章又是讲天道。

至诚之道也就是天地之道。天地是诚一不贰、纯粹精微的。所以天总是那么高明,无所不覆,地总是那么广博,无所不载。人效法天地至诚之道,执中守正,折中致和,终身奉行,永不停息,那么万物就会蓬勃发育生长。

【记诵】

故至诚无息,不息则久,久则征,征则悠远,悠远则博厚,博厚则高明。

博厚,所以载物也;高明,所以覆物也;悠久,所以成物也。

博厚配地,高明配天,悠久无疆。

第二十七章　君子极高明而道中庸

　　大哉圣人之道！洋洋乎^①！发育万物,峻极于天。优优大哉^②！礼仪三百^③,威仪三千^④。待其人而后行^⑤。故曰苟不至德^⑥,至道不凝焉^⑦。故君子尊德性而道问学^⑧,致广大而尽精微,极高明而道中庸。温故而知新,敦厚以崇礼。是故居上不骄,为下不倍^⑨。国有道其言足以兴,国无道其默足以容^⑩。《诗》曰:"既明且哲,以保其身。"^⑪其此之谓与！

【注释】

　　①洋洋:丰盛,繁多。②优优:宽裕,充足。③礼仪:古代典礼仪式,又称经礼。④威仪:古代典礼仪式中的细节,又称曲礼。⑤其人:指得道的圣人。⑥至德:极高的德行。⑦凝:集聚。⑧问学:询问,学习。⑨倍:通"悖",违背,背叛。⑩容:容身,指

保全自己。⑪"既明且哲,以保其身":是《诗经·大雅·烝民》中的句子,此诗赞颂周宣王的贤臣仲山甫。哲,明智,通达事理。

【译文】

伟大啊,圣人的道! 它充满天地之间,使万物生长发育,它的功德天一样崇高。它充裕有余,有典礼仪式三百条,礼仪细节三千条。这些都有待于圣人来实行。所以说如果没有极高的德行,就不能将"道"凝聚于自己的心中。因此君子诚心尊崇天赋的德性也努力从事后天的学习,广泛追求极其广博的知识也深入钻研极其精微的学问,达到极其高明的境界也遵循不偏不倚的中庸之道。温习已有的知识从而获得新知识,以道德的淳厚来崇奉礼仪法度。因此身居高位不骄傲,身居低位不违背礼法。国家政治清明时他的言论足以振兴国家,国家政治黑暗时他的沉默足以保全自己。《诗经·大雅·烝民》说:"既聪慧又明智,可以保全自身。"大概说的就是这个意思吧!

【解析】

朱熹说,这一章又是讲人道。

圣人能效法天道,参与天地的化育。君子就应以圣人为榜样,尊重那天赋的德性而又努力问道求学,使学问既广博又精深,诚心诚意遵循中庸之道而行,从而达到最高明的境界。

【记诵】

君子尊德性而道问学,致广大而尽精微,极高明而道中庸。

温故而知新,敦厚以崇礼。

第二十八章　勿自用自专

子曰:"愚而好自用①,贱而好自专②,生乎今之世,反古之道③。如此者,灾及其身者也。"

非天子,不议礼,不制度④,不考文⑤。今天下车同轨,书同文,行同伦⑥。虽有其位,苟无其德,不敢作礼乐焉;虽有其德,苟无其位,亦不敢作礼乐焉。

子曰:"吾说夏礼⑦,杞不足征也⑧;吾学殷礼⑨,有宋存焉⑩;吾学周礼⑪,今用之,吾从周。"

【注释】

①自用:凭自己主观想法行事。②自专:自以为是,独断专行。③反:通"返",回复的意思。④制度:制定礼法制度。"度"是"制"的宾语。⑤考文:考订文字,规范文字笔画形体。⑥车同轨,书同文,行同伦:车同轨指车子的轮距一致,书同文指字体统

一,行同伦指行为所依据的伦理道德相同。这种情况是秦始皇统一六国后才出现的,据此有学者认为,《中庸》有些章节是秦始皇统一六国后儒者所增加。⑦夏礼:夏朝的礼制。夏朝,约公元前2070年—前1600年,为大禹之子夏启所建。⑧杞:国名,周初封夏禹的后代于雍丘(故城在今河南杞县),国名杞。征:验证。⑨殷礼:殷朝的礼制。商朝从盘庚迁都至殷(今河南安阳)到纣亡国,一般称为殷代,整个商朝也称商殷或殷商,约前1600年—前1046年。⑩宋:国名,周公平定武庚叛乱之后,封商纣王庶兄微子启居于商丘(故城在今河南商丘市南),国名宋。⑪周礼:周朝的礼制。

【译文】

孔子说:"愚昧的人却往往喜欢凭自己主观想法行事,卑贱的人却往往喜欢独断专行,生于当今之世,却一心想恢复古代的礼制。这样做,灾祸一定会降临到自己的身上。"

不是天子就不要去议论礼制,不要去制定法度,不要去考订和规范文字。现在天下车子的轮距相同,文字的字体相同,行为所依据的伦理道德也相同。虽有天子的地位,如果没有相应的德行,是不敢制作礼乐制度的;虽有相应的德行,但如果没有天子的地位,也是不敢制作礼乐制度的。

孔子说:"我谈论夏朝的礼制,但夏的后裔杞国已不足以

验证它;我学习殷朝的礼制,殷的后裔宋国还部分地保存着
它;我学习周朝的礼制,现在还在用着它,所以我遵从周代的
礼制。"

【解析】

朱熹说,这一章还是讲人道。

这一章两次引孔子之言,意在说明,持守中庸之道,必须
依礼而行,切勿"自用""自专",随心所欲,自以为是,离开中
庸之道,走向极端与偏执。

中间一段是说,"议礼""制度""考文"之事,不是任何人
在任何时候可以做的,必须既有"位"又有"德",因此对待
"礼",切不可"自用""自专",切不可任意改变。

礼的核心是制度和秩序,是人人必须遵守的社会行为规
范,其功能是调节人与人之间的关系。"礼之用,和为贵。"
(礼的作用,以保持中道与和谐为可贵。)(《论语·学而》)礼
的可贵之处就在于维持社会的和谐。儒家所说的"礼"实为中
庸之道的具体体现。

【记诵】

愚而好自用,贱而好自专,生乎今之世,反古之
道。如此者,灾及其身者也。

第二十九章　王天下有三重

王天下有三重焉①,其寡过矣乎! 上焉者②,虽善无征,无征不信,不信民弗从。下焉者③,虽善不尊,不尊不信,不信民弗从。故君子之道,本诸身,征诸庶民,考诸三王而不缪④,建诸天地而不悖⑤,质诸鬼神而无疑⑥,百世以俟圣人而不惑⑦。质诸鬼神而无疑,知天也;百世以俟圣人而不惑,知人也。

是故君子动而世为天下道⑧,行而世为天下法,言而世为天下则。远之则有望⑨,近之则不厌。

《诗》曰:"在彼无恶,在此无射。庶几夙夜,以永终誉。"⑩君子未有不如此而蚤有誉于天下者也⑪。

【注释】

①王(wàng):作动词用,王天下即在天下做王,也就是统治天下。三重:指上一章所说的三件重要的事:议礼、制度、考文。②上焉者:指在上位的人,即君王。③下焉者:指在下位的人,即臣下。④三王:指夏、商、周三代开国的君王:夏禹、商汤、周文王(或文王、武王)。缪(miù):同"谬",错误。⑤建:立。⑥质:质询,询问。⑦俟:待。⑧道:通"导",先导。⑨望:威望。⑩"《诗》曰"句:是《诗经·周颂·振鹭》中的句子,全诗写夏、殷之后杞、宋来周助祭,受到赞扬。射(yì),《诗经》本作"斁",厌弃。庶几(jī),几乎。夙(sù)夜,早晚。终,借为"众"。⑪蚤:通"早"。

【译文】

治理天下能够做好议论礼制,制定法度,考订和规范文字这三件重要的事,他的过失也就大大减少了吧! 在上位的人,虽然人品很好,但如果没有经过实践验证的话,就不能使人信服,不能使人信服老百姓就不会听从。在下位的人,虽然人品很好,但由于没有尊贵的地位,也不能使人信服,不能使人信服老百姓就不会听从。所以君子治理天下应该以自身的品德为根本,并通过实践从老百姓那里得到验证,考察夏、商、周三代先王的做法而没有背谬,立于天地之间而没有悖乱,质询于鬼神而没有疑问,百世以后待圣人出现也没有什么迷惑不解的地方。质询于鬼神而没有疑问,这是知道天理;百世以后待圣人出现也没有什么迷惑不解的地方,这是知道事理人情。

所以君子的举止能世世代代成为天下的先导,行为能世世代代成为天下的法度,言语能世世代代成为天下的准则。在远处看他有威望使人仰慕,在近处看他也使人百看而不厌。

《诗经·周颂·振鹭》说:"在那里没有人憎恶他,在这里没有人厌弃他,他日日夜夜操劳啊,就是为了在民众中永远保持美好的声誉。"君子没有不这样做而能够早早在天下获得名望声誉的。

【解析】

朱熹说,这一章还是讲人道。

这一章从居上位的君子立论。君子处在上位,当谨慎行事,做好上章所说"议礼""制度""考文"的事,一切依中道而行。行事要根据并符合自身的修养和地位,要考虑民众的反映和诉求,要吸取夏商周三代的历史经验,要能经受天地鬼神的验证,要做到百世之后圣人来考察也不会提出质疑。

在上位的君子行事谨慎是非常重要的,因为他的一举一动一言一行,都是世人的榜样。

【记诵】

君子之道,本诸身,征诸庶民,考诸三王而不缪,建诸天地而不悖,质诸鬼神而无疑,百世以俟圣人而不惑。

是故君子动而世为天下道,行而世为天下法,言而世为天下则。

第三十章　仲尼祖述尧舜，宪章文武

　　仲尼祖述尧舜①，宪章文武②，上律天时③，下袭水土④。辟如天地之无不持载，无不覆帱⑤。辟如四时之错行⑥，如日月之代明⑦。万物并育而不相害，道并行而不相悖。小德川流，大德敦化⑧。此天地之所以为大也！

【注释】

　　①祖述：遵循效法前人的行为或学说。②宪章：效法，弘扬。③律：遵循，效法。④袭：符合。⑤覆帱（dào）：覆盖，指施恩，加惠。⑥错行：交替运行。⑦代明：轮流照耀。⑧敦化：以仁爱敦厚化生万物。

【译文】

孔子遵循尧、舜的道统，效法文王、武王的典章，上遵循天时，下符合地理。就像天地那样没有什么不承载，没有什么不覆盖。又好像四季的交替运行，日月的轮流照耀。万物一同发育生长而不互相妨害，天地之道同时运行而不互相冲突。小的德行滋润万物如河水一样长流不息，大的德行化生万物使万物敦厚纯朴。这就是天地为什么如此伟大的原因啊！

【解析】

朱熹说，这一章又是讲天道。

本章阐明孔子如何继承尧舜禹汤文武周公的传统，以天地为法。天无不覆，地无不载，四季依时轮替，日月昼夜递照，万物并育，诸道兼行。这是天地之诚，也是天地"从容中道"（从容不迫地走在中庸的大道上）的体现。

【记诵】

仲尼祖述尧舜，宪章文武，上律天时，下袭水土。辟如天地之无不持载，无不覆帱。辟如四时之错行，如日月之代明。万物并育而不相害，道并行而不相悖。小德川流，大德敦化。此天地之所以为大也！

第三十一章　唯天下至圣，为能聪明睿知

唯天下至圣，为能聪明睿知①，足以有临也②；宽裕温柔，足以有容也；发强刚毅，足以有执也；齐庄中正③，足以有敬也；文理密察④，足以有别也⑤。

溥博渊泉⑥，而时出之⑦。溥博如天，渊泉如渊。见而民莫不敬，言而民莫不信，行而民莫不说⑧。

是以声名洋溢乎中国，施及蛮貊⑨。舟车所至，人力所通，天之所覆，地之所载，日月所照，霜露所队⑩，凡有血气者，莫不尊亲⑪。故曰配天。

【注释】

①聪明睿(ruì)知：聪颖明智。②临：居高面低，指在上位者治理下面的民众。③齐(zhāi)庄：庄重恭敬。④文理：条理。密察：详细明晰。⑤别：辨别，区分。指分辨是非邪正。⑥溥(pǔ)

博:普遍广博。渊泉:深潭。溥博渊泉,指美德的深广。⑦出:溢出。⑧说(yuè):同"悦",喜悦。⑨施(yì):延伸,传播。蛮貊(mò):指南方和北方(也泛指四方)边远地区的少数民族。⑩队(zhuì):同"坠",坠落。⑪尊亲:尊重亲近。

【译文】

只有天下最伟大的圣人,才能如此的聪颖明智,足以居上位而临下民;才能如此的宽容温和,足以包容天下万物;才能如此的奋发刚毅,足以操持决断天下大事;才能如此的庄重恭敬持守中正,足以得到人们的尊敬;才能如此的条理清晰详辨明察,足以分辨是非善恶。

最伟大的圣人,他们的美德广博而又深厚,并时常会显露出来。他们的美德就像天空一样广阔,就像潭水一样幽深。这种美德表现在仪容上,民众没有谁不敬佩,表现在言谈中,民众没有谁不信服,表现在行动上,民众没有谁不喜悦。

因此,他们美好的名声充满了整个中原大地,并且传播到边远少数民族的地方。凡是车船所能到达的,人力所能通行的,苍天所能覆盖的,大地所能承载的,日月所能照耀着的,霜露所能坠落到的地方,凡是有血气有生命的人,没有不尊重和不亲近他们的。所以说圣人的美德可以和苍天相配。

【解析】

朱熹说，这一章继续讲天道。

本章描述至圣之人效法天道之诚，具有最大的聪明智慧，足以统帅民众：他内心宽厚柔顺，足以包容万物；他奋发有为，刚强坚毅，足以决断大事；他严肃庄重，中道而行，足以获得尊敬；他思维缜密，条理清晰，足以分辨是非。由于至圣之人以天为法，"从容中道"，所以达到最高明的境界。

【记诵】

唯天下至圣，为能聪明睿知，足以有临也；宽裕温柔，足以有容也；发强刚毅，足以有执也；齐庄中正，足以有敬也；文理密察，足以有别也。

第三十二章 唯天下至诚，为能经纶天下之大经

唯天下至诚，为能经纶天下之大经①，立天下之大本②，知天地之化育③。夫焉有所倚？肫肫其仁④，渊渊其渊⑤，浩浩其天⑥。苟不固聪明圣知达天德者⑦，其孰能知之？

【注释】

①经纶：原指理丝成绳，引申为筹划治理。大经：常道，常规。②大本：根本，基础。③知：主持，执掌。④肫肫(zhūn)：诚恳。⑤渊渊：水深的样子。⑥浩浩：水盛大广阔的样子。⑦固：实。天德：天赋美德。

【译文】

只有天下达到诚的最高境界的圣人,才能创立天下的常道,才能树立天下的根基,才能执掌天地化育万物的规律。他有所依靠的是什么呢?他的仁心是那样的诚挚,他的思虑像潭水般幽深,他的大德像苍天一样广阔。假如不是真正具有聪明智慧而又具有天赋美德的人,谁又能真正了解他呢?

【解析】

本章再次阐明至圣之人,效法至诚之天道,故能创立天下根本之大法,树立天下根本之大德,参与天地对万物之化育。他所依靠的就是从容中道,宅心仁厚。其思虑如潭水般幽深,其功德如苍天般广博。这也只有通达天德之人,才能对他了解透彻。

【记诵】

唯天下至诚,为能经纶天下之大经,立天下之大本,知天地之化育。

第三十三章　君子之道，暗然而日章

《诗》曰："衣锦尚䌹。"①恶其文之著也。故君子之道，暗然而日章②；小人之道，的然而日亡③。君子之道，淡而不厌，简而文，温而理，知远之近，知风之自，知微之显，可与入德矣。

《诗》云："潜虽伏矣，亦孔之昭！"④故君子内省不疚，无恶于志。君子之所不可及者，其唯人之所不见乎？

《诗》云："相在尔室，尚不愧于屋漏。"⑤故君子不动而敬，不言而信。

《诗》曰："奏假无言，时靡有争。"⑥是故君子不赏而民劝，不怒而民威于铁钺⑦。

《诗》曰："不显惟德，百辟其刑之。"⑧是故君子笃恭而天下平。

《诗》云："予怀明德,不大声以色。"⑨子曰："声色之于以化民,末也。"《诗》曰："德辂如毛。"⑩毛犹有伦⑪。"上天之载,无声无臭。"⑫至矣!

【注释】

①"衣锦尚絅":是化用《诗经·卫风·硕人》中的句子,原诗作"衣锦褧衣",全诗赞美卫庄公夫人庄姜。衣(yì),作动词用,指穿衣。锦,指锦制的色彩鲜艳的衣服。尚,加。絅(jiǒng),同"褧",用麻布制的罩衣。②暗然:暗淡不显,深藏不露。章:同"彰"。③的(dí)然:鲜艳,显著。④"潜虽伏矣,亦孔之昭":是《诗经·小雅·正月》中的句子,全诗写周幽王时一位官员忧心国事,抒发愤懑。孔,很。昭,《诗经》原作"炤",意为明显。⑤"相在尔室,尚不愧于屋漏":是《诗经·大雅·抑》中的句子,全诗告诫周王守礼修德,谨言慎行。相,注视。屋漏,代指神明。古时房屋西北角,上开天窗,以纳光通烟,同时放置神主依时祭祀,故以"屋漏"代指"神明"。⑥"奏假无言,时靡有争":是《诗经·商颂·烈祖》中的句子,全诗为祭祀成汤的乐歌。奏,进奉。假(gé),通"格",接触感通,指诚心能与鬼神或外物互相感应。靡(mǐ),没有。⑦铁钺(fū yuè):古代砍刀和大斧,用于腰斩和砍头的刑具。⑧"不显惟德,百辟其刑之":是《诗经·周颂·烈文》

中的句子,全诗写周王祭祖之时劝勉助祭诸侯。不,通"丕",丕显即大显。辟(bì),诸侯。刑,通"型",示范,效法。⑨"予怀明德,不大声以色":是《诗经·大雅·皇矣》中的句子,全诗是周人自述开国历史的史诗。大声以色,声色俱厉。色,容貌。以,与。⑩"德辖如毛":是《诗经·大雅·烝民》中的句子,全诗赞美周宣王贤臣仲山甫德才出众。辖(yóu),轻。⑪伦:比。⑫"上天之载,无声无臭":是《诗经·大雅·文王》中的句子,全诗是周人祭祀文王的乐歌。臭(xiù),气味。

【译文】

《诗经·卫风·硕人》说:"身穿锦绣衣服上面罩件麻布衫。"这是因为讨厌锦衣文采太显露。所以君子所持之道,深藏不露但日益彰明;小人所持之道,光鲜显露但日益暗淡。君子所持之道,看似平淡但不使人生厌,看似简略但有文采,看似温和但条理井然,知道从近处入手可以达到远方的目标,知道从自身入手可以风化千万的民众,知道从显著入手可以进入精深微妙的境地。这样,就可以进入道德的崇高境界了。

《诗经·小雅·正月》说:"即使潜藏很深,最终也会很明白地显露出来。"所以君子常常自我反省就不会有过失和愧疚,也没有恶念头藏在心志之中。君子的德行之所以为一般人所不及,大概就是在这些不被人看见的地方也能保持恭敬谨慎吧？

《诗经·大雅·抑》说："看你独自在室内的时候,希望能无愧于神明。"所以君子在没有行动的时候也是恭敬的,在没有言语的时候也是诚信的。

《诗经·商颂·烈祖》说："进奉静默诚心就会感通神灵,庄严肃穆因而没有争执。"所以君子不用赏赐民众也会互相劝勉,不用发怒民众也会产生畏惧。

《诗经·周颂·烈文》说："彰显那德行啊,诸侯们都来效法。"所以,君子笃实恭敬就能使天下太平。

《诗经·大雅·皇矣》说："我(上帝)赞赏文王光明的德行,他对待民众从不厉声厉色。"孔子说："用厉声厉色去教化民众,是舍本而逐末。"《诗经·大雅·烝民》说："德行轻如毫毛(但很少有人能举起)。"德行虽轻如毫毛还是有人比拟它,效法它。《诗经·大雅·文王》说："上天所承载的化育万物的道,既没有声音也没有气味。"这才是道的最高境界啊!

【解析】

本章皆子思之言。子思引诗八章,对君子如何"从容中道"(从容不迫地走在中庸的大道上)而致其"诚"作了小结:

1. 要保持心性的质朴、平淡、简易、温顺,然后才能深入至圣之人崇高的美德中。

2. 要时常反省自己，还要"慎独"，在人所不见之处也能诚信专一，不背离中道。

3. 要以身作则，做到自己不赏赐民众仍受激励，自己不发怒民众也很敬服。

4. 要效法天地，无声而教，无言而化，达到教化的最高境界。

朱熹说，本章"盖举一篇之要而约言之，其反复丁宁示人之意，至深切矣，学者其可不尽心乎！"（作者简要地概括了《中庸》全篇的要点，他反复丁宁告诫学者的意思，是非常深切的，学者怎能不认真尽心地领会呢！）

以上十三章是全篇的第三部分，重点论"诚"，说明"诚"既是"天之道"，也是"人之道"。子思论"诚"，上承孔子，实际上是论人的信仰和追求，也就是对中庸之道的信仰和追求。只有对崇高信仰的不懈追求，才能达致道德精神的最高境界，从而实现"治国平天下"的宏伟理想。

【记诵】

《诗》曰："衣锦尚䌹。"恶其文之著也。故君子之道，暗然而日章；小人之道，的然而日亡。君子之道，淡而不厌，简而文，温而理，知远之近，知风之自，知微之显，可与入德矣。

《诗》云:"潜虽伏矣,亦孔之昭!"故君子内省不疚,无恶于志。君子之所不可及者,其唯人之所不见乎?

《诗》云:"相在尔室,尚不愧于屋漏。"故君子不动而敬,不言而信。

《诗》曰:"奏假无言,时靡有争。"是故君子不赏而民劝,不怒而民威于铁钺。

《诗》曰:"不显惟德,百辟其刑之。"是故君子笃恭而天下平。

《诗》云:"予怀明德,不大声以色。"子曰:"声色之于以化民,末也。"《诗》曰:"德辏如毛。"毛犹有伦。"上天之载,无声无臭。"至矣!

附录一

朱熹：白鹿洞书院揭示

父子有亲,君臣有义,夫妇有别,长幼有序,朋友有信。①

右五教之目。尧舜使契为司徒,敬敷五教②,即此是也,学者学此而已。而其所以学之之序,亦有五焉,其别如左:

博学之,审问之,慎思之,明辨之,笃行之。③

右为学之序。学问思辨四者,所以穷理也。若夫笃行之事,则自修身以至于处事接物,亦各有要,其别如左:

言忠信,行笃敬④;惩忿窒欲,迁善改过⑤。

右修身之要。

正其义,不谋其利;明其道,不计其功。⑥

右处事之要。

己所不欲,勿施于人⑦;行有不得,反求诸己⑧。

右接物之要。

熹窃观古昔圣贤所以教人为学之意,莫非使之讲明义理,以修其身,然后推以及人,非徒欲其务记览,为词章,以钓声名,取利禄而已也。今人之为学者,则既反是矣。然圣贤所以教人之法,具存于经,有志之士,固当熟读深思而问辨之。苟知其理之当然,而责其身以必然,则夫规矩禁防之具,岂待他人设之而后有所持循哉? 近世于学有规,其待学者为已浅矣。而其为法,又未必古人之意也。故今不复以施于此堂,而特取凡圣贤所以教人为学之大端,条列如右,而揭之楣间。诸君其相与讲明遵守,而责之于身焉,则夫思虑云为之际,其所以戒谨而恐惧者,必有严于彼者矣。其有不然,而或出于此言之所弃,则彼所谓规者,必将取之,固不得而略也。诸君其亦念之哉。

【注释】

①"父子有亲"数句:《中庸·第二十章》说:"天下之达道五……曰君臣也,父子也,夫妇也,昆弟也,朋友之交也;五者,天下之达道也。"《孟子·滕文公上》说:"父子有亲,君臣有义,夫妇有别,长幼有序,朋友有信。"②"尧舜"两句:《孟子·滕文公上》说:尧舜"使契为司徒,教以人伦"。尧舜:父系氏族社会后期部落联盟的两位领袖,传说中的尧帝和舜帝,历来被认为是圣君

的代表。③"博学之"数句：出自《中庸·第二十章》。④言忠信，行笃敬：《论语·卫灵公》载："子张问行。子曰：'言忠信，行笃敬，虽蛮貊之邦，行矣。言不忠信，行不笃敬，虽州里，行乎哉？立则见其参于前也，在舆则见其倚于衡也，夫然后行。'子张书诸绅。"⑤惩忿窒欲，迁善改过：《易·损》载："象曰：山下有泽，损，君子以惩忿窒欲。"《易·益》载："象曰：风雷，益，君子以见善则迁，有过则改。"周敦颐《通书》说："君子乾乾，不息于诚，然必惩忿窒欲，迁善改过而后至。乾之用其善是，损益之大莫是过，圣人之旨深哉！"（《乾损益动第三十一》）⑥"正其义"数句：董仲舒在《春秋繁露·对胶西王越大夫不得为仁》中提出："仁人者，正其道不谋其利，修其理不急其功。"《汉书·董仲舒传》则云："夫仁人者，正其谊不谋其利，明其道不计其功。"⑦己所不欲，勿施于人：《论语·颜渊》载："仲弓问仁。子曰：'出门如见大宾，使民如承大祭。己所不欲，勿施于人。在邦无怨，在家无怨。'"《论语·卫灵公》载："子贡问曰：'有一言而可以终身行之者乎？'子曰：'其恕乎？己所不欲，勿施于人。'"⑧行有不得，反求诸己：《孟子·离娄上》载：孟子曰："爱人不亲，反其仁；治人不治，反其智；礼人不答，反其敬。行有不得者皆反求诸己，其身正而天下归之。诗云：'永言配命，自求多福。'"

【译文】

父子间有骨肉之亲（要做到父慈子孝），君臣间有礼义之道（要做到君礼臣忠），夫妻间有内外之别（要做到互敬互爱），长幼间有上下尊卑之序（要做到尊老爱幼），朋友间有诚信之德（要做到诚实守信）。

上面所列五条就是"五教"的纲目。圣人尧舜让契为司徒认真而普遍教化百姓的就是这"五教"，学子要学的也就是这"五教"。至于怎样去学的先后次序，也有五条，分别列举如下：

广博地学习，详细地询问，周密地思考，明确地分辨，切实地实行。

上面所列五条就是学习的顺序。学、问、思、辨，这是为了深入探究道理。至于切实地实行，从修身直到处事、接物，都各有要领，分别列举如下：

说话忠诚守信，行为笃厚严肃；控制好自己的怒气和欲望，见善便学有过则改。

这是修身的要领。

做任何事情都是为了匡扶正义，而不是为了谋求一己之私利；都是为了明辨真理，而不是为了成就一己之功名。

这是处事的要领。

自己所不想要的，就不要强加给别人；自己做事未能达到目的，应首先进行反省从自己身上找原因。

这是接物的要领。

在我个人看来，古代圣贤用来教人学习的上述这些话语，其意图无非是为了使人明白义理，用来修养身心，然后推己及人，并不仅仅是为了强识博览，撰写诗文，沽名钓誉，追求利禄。今天的一些学子求学，却反其道而行，违背了古代圣贤的教导。古代圣贤教人的法则，都具体保存在经书之中，有志求学的人，当熟读精思，审问明辨。如果知道这些都是自然之理，就能以此责求自己一定自觉去做，这些规矩或禁令，哪里要等待别人制定出来而后自己才照着做呢？近世学堂虽有规矩，但对学子的要求却很低。其具体要求，也未符合古代圣贤的意图。所以，现在不再把这些规矩拿到本书院来施行，现特将古代圣贤教人读书求学的根本原则，分条列出并公布在门楣上。诸位学子如能共同研讲，遵照执行，并切实要求自己做到，那么在思考、言谈与践行的时候，由此而生出谨慎和戒惧，对自己的要求就会比那些书院更为严格。如果有时不这样做，或者做出相违背的事情，那么这个揭示作为规则，定能为他记取而发生作用，因而是不能轻忽的。希望诸位学子记住这些话，并经常放在心上！

【解析】

朱熹（1130—1200），字仲晦，祖籍婺源（今属江西），生于南剑尤溪（今属福建），南宋著名思想家、教育家，宋代理学的集大成者。孝宗淳熙六年（1179），在知南康军（在今江西星子）时，朱熹在庐山修建了著名的白鹿洞书院，并亲手制定了

《白鹿洞书院揭示》,公布于书院门楣之上。这相当于"校训"或"学规"的《揭示》,宣示了书院的办学理念,指明了学子为学的途径和修身的准则,成为古代教育的不朽典范。

附录二

朱熹：朱子家训

君之所贵者,仁也;臣之所贵者,忠也。

父之所贵者,慈也;子之所贵者,孝也。

兄之所贵者,友也;弟之所贵者,恭也。

夫之所贵者,和也;妇之所贵者,柔也。

事师长,贵乎礼也;交朋友,贵乎信也。

见老者,敬之;见幼者,爱之。

有德者,年虽下于我,我必尊之;不肖者,年虽高于我,我必远之。慎勿谈人之短,切莫矜己之长。

仇者以义解之,怨者以直报之,随所遇而安之。

人有小过,含容而忍之;人有大过,以理而谕之。

勿以善小而不为,勿以恶小而为之。

人有恶,则掩之;人有善,则扬之。

处世无私仇,治家无私法。

勿损人而利己，勿妒贤而嫉能。

勿称忿而报横逆，勿非礼而害物命。

见不义之财勿取，遇合理之事则从。

诗书不可不读，礼义不可不知。

子孙不可不教，童仆不可不恤。

斯文不可不敬，患难不可不扶。

守我之分者，礼也；听我之命者，天也。

人能如是，天必相之。

此乃日用常行之道，若衣服之于身体，饮食之于口腹，不可一日无也，可不慎哉！

（录自《紫阳朱氏宗谱》）

【译文】

作为国君，最重要的是对臣下的仁慈；作为臣子，最重要的是对君上的忠诚。

为人父母，最重要的是对子女的慈爱；为人子女，最重要的是对父母的孝敬。

作为兄姐，最重要的是友爱弟妹；作为弟妹，最重要的是恭敬兄姐。

作丈夫的，最重要的是宽厚平和；作妻子的，最重要的是顺从温柔。

与师长相处，最重要的是恭敬有礼；与朋友相交，最重要的是诚实守信。

遇见老者，应当表示恭敬；遇见幼者，应当表示慈爱。

对品德高尚的人，虽然年纪比我小，我也应当尊敬他；对品行不端的人，虽然年纪比我大，我也应当疏远他。千万不要谈论别人的短处，更不要夸耀自己的长处。

结了仇当从道义入手求化解，结了怨当用公平正直来应对，无论遇到什么情况都要心平气和泰然处之。

别人有小过错，应有包容之心而不苛求严责；别人有大过错，则应同他说理帮助他认识和改正。

不要以为只是一件小小的善事而不去做，更不要以为只是一件小小的坏事而大胆地去做。

别人有缺点，我们在人前不宜张扬而应帮他稍加掩盖；别人有优点，我们在人前则应该帮他宣扬。

处世不应为了一己之私利而与人结仇，治家不可因为一己之私心而定出不公平公正的家法。

不要做损人利己之事，不要存妒贤嫉能之心。

不要用泄愤逞一时之快来回报横逆之人，不要做违背礼义之事以致伤害物类的生命。

遇到不义之财不要伸手窃取，遇到合理之事则要努力去做。

古圣先贤传下来的诗书典籍不可以不读，为人处世的礼义规范不可以不知。

对后代子孙不能不重视教育，对仆人帮佣不能不体谅关怀。

数千年的文化传统不可不尊崇敬奉，遇到灾变患难不可不相互扶持。

谨守本分，这就是克己复礼的"礼"；乐天知命，这就是顺其自然的"天"。

一个人能做到以上各条，天必定会来帮助他。

这些基本的道理，都是日常生活中必须而且能够做到的，就像衣服之于身体，饮食之于口腹，是每天都不可缺少的。我们对这些基本的道理，怎么能不重视呢！

【解析】

南宋朱熹的《朱子家训》，与明代朱柏庐的《治家格言》，为我国古代"家训"的双璧，均有宝贵价值与深远影响。

朱熹的《朱子家训》载于《紫阳朱氏宗谱》，至今已传了二十多代，虽然是朱氏一家之"家训"，但由于已在社会上广为流传，得到广大民众的认同，已成为人们立身行事、待人接物的准则，是中华民族极其珍贵的精神财富。

朱熹的《朱子家训》虽然只有三百多字，却涵盖了《论语》、《孟子》、《大学》、《中庸》等儒家经典关于伦理道德之精华，体现了古人诚意、正心、修身、齐家的根本原则，闪耀着中华民族优秀传统文化的光辉。

《朱子家训》虽然没有直接地"引经据典"，但几乎每一句话都可以从儒家经典中找到依据。

《朱子家训》多对偶句，极易记诵。但朱熹写此"家训"，不只是让后世子孙能时时记诵，更要求他们能终身恭行。

重视实践，讲求身体力行，是中国传统伦理道德教育的最大特征。

后　记

　　习近平同志说："中华优秀传统文化是中华民族的精神命脉，是涵养社会主义核心价值观的重要源泉，也是我们在世界文化激荡中站稳脚跟的坚实根基。"（2014 年 10 月 15 日在文艺工作座谈会上的讲话）联系我的专业实践反复体悟，对这句话我感受很深。

　　在我年轻的时候，第一次读《大学》，心灵受到极大的震撼，"三纲领"、"八条目"，尤其是"修、齐、治、平"的导向，从此便深深地印入脑海中，从教数十年来也深深地融入我的教育实践中。第一次读《中庸》，却体会不深。但随着阅历的增长，尤其是近二十年来，我不止一次开"论语研究"课，不止一次讲授孔子的"中和学"，对《中庸》才有了比较深入的体悟。"极高明而道中庸"便逐渐成了我精神信仰的重要组成部分。于是我产生了一种冲动，要写一本译解的书，把自己的研读心得与感悟写出来，与他人分享，尤其是与青少年分享，让他们也能"走进"《大学》《中庸》，涵泳其中，从而获得精神上的升华。于是，便写成了这本《大学中庸译解》。因此，现在出版的《大学中庸译解》一书，可以说是译解者在多年教学与研究的基础上写成的。相信译解者的研究心得和教学体悟对读者会有所帮助。

我多年从事中国古代文学和国学的教学与研究,我的学术生涯与我任职的单位——广西师范大学密不可分。

广西师范大学十分重视中华民族优秀传统文化的传承。近二十年来,在学生中开设了中华传统文化系列讲座,并将有关内容纳入通识教育课程。为进一步推动大学精神和大学文化建设,2009年,更建立了广西师范大学国学堂,在校园内和社会上,都引起热烈反响。

广西师范大学文学院是"国家文科基地",对国学典籍的研究与教学,有较长的历史与较丰厚的基础。作为"国家文科基地"的一员,教师们都将优秀传统文化的传承视为自己义不容辞的责任。从2005年开始,更大力开展"经典进课堂"活动,将国学元典的研读,引入专业必修课和选修课课堂。广西师范大学漓江学院明确提出以"至善"为办学理念,精心培育校园文化。十多年来,开设了不少国学经典研读课程。

特别值得一提的是,广西师范大学领导对"弘扬国学"非常重视,积极引导,十多年来坚持不懈地在大学生中广泛开展国学经典诵读活动,成效显著。由王枬书记亲任理事长,总会计师丁静任副理事长兼秘书长的广西师范大学教育发展基金会更具体组织了多次不同规模的经典诵读活动,并给予了经费支持。在王枬书记和丁静总会计师的关心和支持下,经过罗元、陈广林、刘浈等同志的努力,2014年6月出版了《学庸论语》(原文加注音）一书，有力地推进了经典诵读活动。

本书译解者在2005年曾出版《论语通译》一书（多次改版发行，最新的版本是2014年5月发行的第五版），现在又出版《大学中庸译解》，两书都可与《学庸论语》相配合，供学者在诵读与精研元典时作参考。

本书的出版，得到了广西老教授协会的大力支持。当书稿送呈会长车芳仁教授（曾任自治区教育厅副厅长，广西电大党委书记）时，他十分赞赏，认为这是一本很有价值的书，对高校教育与大学生成长极有帮助。他代表广西老教授协会，亲自批准，对此书的出版，给予经费资助。

广西师范大学老教授协会会长蓝常周教授（曾任广西师范大学副校长）认为此书极有助于传承与弘扬中华优秀传统文化，加强大学生的思想道德教育，有助于帮助大学生更好地确立社会主义核心价值观，立德树人，是广西老教授协会教育专业委员会以及广西师范大学老教授协会一项重要成果。他对出版此书，也给予了有力的支持与帮助。

对车芳仁会长和蓝常周会长，我表示深深的敬意和感谢。

本书的出版，还得到广西师范大学出版社的大力支持，人文社科图书出版分社文化普及编辑室主任虞劲松同志，责任编辑王专同志出力尤多。他们为优秀传统文化的传播辛勤劳作，不遗余力，其精神令人感佩。

译解者　张葆全